圖說歷史故事

秦漢魏晉南北朝

前言

　　親愛的讀者，你們一定都很喜歡聽故事。實際上，所有的故事都可以歸為兩大類。一類是實實在在發生過的，一類是人們想像出來的。人們想像出來的故事，我們叫它童話故事、寓言故事、神話故事、傳說故事。當然，你也可以叫它上天入地故事、妖怪打架故事、蜜蜂蝴蝶故事等等，隨你樂意。然而實實在在發生過的故事，我們只能叫它「歷史故事」。

　　中國是有五千年歷史的文明古國。五千年間發生過多少驚人、感人、迷人、駭人的故事！石破天驚的巨變，腥風血雨的災難，臥薪嚐膽的修練，嘔心瀝血的追求，山高水長的情誼，出泥不染的潔淨……它們個個可歌可泣，令人永生難忘，而從這些故事中，又走出多少活生生的歷史人物。充滿智慧的姜子牙，叱吒風雲的楚霸王，氣節如虹的蘇武，料事如神的諸葛亮，精忠報國的岳飛，大義凜然的文天祥，勇抗倭寇的戚繼光，遠渡重洋的鄭和……他們個個可敬可愛，令人蕩氣迴腸。所有這些故事和人物，對一代又一代中國人產生了巨大影響。它們所呈現的內在精神，已經溶化在我們的血液中，成為中華民族文化傳統的一部分。

　　有趣的歷史故事就像一粒粒珍珠，散落在廣闊的時間長河中。這套《圖說歷史故事》，則揀取了中國歷史長河中最大、最亮、最惹人喜愛的80顆珍珠，編綴成4條閃光的項鏈，獻給所有熱愛中國歷史與文化的讀者，特別是喜歡聽故事、讀故事的孩子們。它的語言簡練流暢，故事情節曲折有趣，對眾多歷史人物有生動的刻畫，對中國歷史的發展脈絡也有清楚的交代。

　　特別值得一提的是本書的插圖。它以中國傳統繪畫技法為主，畫面大，色彩豐富，構圖變化多端。在描繪不同朝代的建築、器物和服飾時，繪者查閱了大量資料，以求具有歷史根據。其人物造型，則注重表現個性，動作活靈活現。可以說，本書243幅精美的插圖，不僅為不同故事營造了不同的歷史環境氛圍，它們本身也是值得欣賞的藝術品。

　　聽想像故事，能讓人感受快樂，享受美好童年；讀歷史故事，會使人變得智慧、勇敢，進而培養永不言敗的堅強人格。看到這本文圖雙工的《圖說歷史故事》，你一定會愛不釋手！

目錄

　　嬴政當上秦國君王時只有13歲，但他胸懷大志，一心要統一天下。他派大將王翦、王賁（音ㄅ）率領大軍，先後滅了韓國、趙國、燕國、楚國、魏國和齊國。西元前221年，中國歷史上第一個統一的封建國家建立了，就是秦王朝。

　　嬴政得意萬分，覺得自己功德無量，遠遠超過了傳說中的「三皇五帝」，於是他把「三皇」中的「皇」字和「五帝」中的「帝」字加起來，讓大家稱自己為「皇帝」，又因為他這個皇帝是自古以來的第一個，便在「皇帝」二字前多加一個「始」字，稱「始皇帝」。

　　秦始皇統一中國以後，首先下令繳回散落在民間的六國兵器，把它們回爐熔化，鑄成12個銅人。這些銅人樹立在咸陽宮的兩側，象徵著始皇帝的豐功偉業，也象徵著天下太平，從此不再用兵打仗。接著，秦始皇又在全國推行郡縣制，統一文字、貨幣、度量衡。

秦始皇雖建立了偉大功業，卻相當暴戾、殘忍。只因為一些讀書人對現行的法令制度提出了不同看法，他就下令燒掉全國的書籍，還將460多名儒生活埋，理由是他們在背地裡說皇帝的壞話。這兩件事被稱為「焚書坑儒」。

　　秦始皇拚命地追求享樂，不僅修建了阿房宮等大小宮殿700多座，座座精美豪華，為了死後能繼續享樂，還在驪山修建了一座陵墓，裡面有各式各樣的宮殿，裝滿了無數珍寶。墓頂用明珠做成日月星辰來裝飾，墓底則用水銀製成江河湖海。陵墓的周圍築有內城、外城，外城東門外還埋有成千上萬的兵馬俑，組成嚴整雄偉的方陣，「護衛」著陵園。建造這座「秦始皇陵」前後共用了36年。浩大的工程耗費了無數人力、物力，把老百姓壓榨得幾乎油盡燈枯。

為鞏固自己的統治，秦始皇還下令將從前各國修築的防禦性長牆連為一體，擴展延伸，築成一道「萬里長城」，用來抵禦北方的敵人 —— 匈奴，並從內地調度大批犯了罪的人到北方邊境戍守。當時修築長城的人力達到上百萬人，大批勞工累死在長城腳下。

當上皇帝的第二年，秦始皇開始到全國各地巡遊。這不只是為了炫耀自己的威風，也是為了尋找長生不死的靈藥。因為他很怕死，怕死神奪走他所擁有的一切。

這一天，秦始皇巡遊到了琅琊（音 ㄌㄤˊ ㄧㄝˊ）山。琅琊山瀕臨大海，山上有一座觀海台。登台向東眺望，茫茫的大海，晴天波光粼粼，陰天雲遮霧罩，雨過天晴時又會出現美麗的海市蜃樓。傳說海裡有三座名山，叫「蓬萊」、「方丈」和「瀛洲」。上頭住著神仙，神仙們整天都在用爐子煉製仙藥，誰要是吃上一顆，就能長生不老。美麗的景色、神奇的傳說，引發了秦始皇的癡心夢想，他決定派人去尋找仙山和仙藥。

這時，恰好有個專門裝神弄鬼的方士，名叫徐福，特意跑到琅山來向秦始皇上書，自稱能找到長生不老的仙藥。他說：「神仙是不會讓凡人上仙山的。陛下只有多派些童男童女，神仙看了喜歡，才肯拿出一兩粒仙藥。」秦始皇大喜，立即派人抓來幾千個十歲上下的男孩和女孩，分別送上十幾艘大船上，命徐福帶著去跟神仙換長生不老藥。

龐大的船隊出發了。他們在茫茫的海上轉了好多天，卻根本找不到仙山。可憐那幾千個男孩和女孩哭爹喊娘地在大海中東漂西蕩，最後全都下落不明。人們傳說，徐福找不到仙山，不敢跟秦始皇回覆，就帶著那些孩子到大海的另一邊定居下來。有趣的是，如今的日本還真有一些「徐福登岸處」、「徐福墓」等「歷史遺跡」，也不知是真是假。

自從徐福走後，秦始皇整日眼巴巴地望著大海，數著潮起潮落，一心等著吃長生不老的靈藥。三個多月過去了，卻沒有徐福的任何消息。失望之下，只好戀戀不捨地離開了琅琊山。

秦始皇自己怕死，卻有很多人盼他早點死。

這天，浩大的巡遊車隊經過博浪沙附近。天氣很熱，隨從士兵人睏馬疲，坐在車裡的秦始皇也閉著眼打盹。四周靜悄悄的，只有車馬輾踏大地的單調聲響。

突然，「呱啦」一聲怪響，一個大鐵塊從天而降，剎那間把秦始皇的副車砸成碎片亂飛，駕車人腦袋開花，鮮血四濺，駕轅的那匹馬也倒地而死。

秦始皇大吃一驚，頓時冷汗淋淋。稍一定神，看清身後被砸得粉碎的副車，便明白那大鐵塊是衝自己來的，不由得怒火萬丈，大喝一聲：「有刺客！快拿下！」被嚇呆的士兵如夢初醒，吶喊著衝向大道兩旁的樹叢搜索起來。可惜太晚了，就在他們慌亂愣神的時候，刺客已逃走了。

秦始皇惱怒萬分，立即下令在全國各地大搜查。可是，一連搜查了十幾天，搞得人心惶惶，雞飛狗跳，刺客沒捉到，無辜的百姓反被冤殺了許多。

策劃襲擊秦始皇的不是別人，就是後來輔佐劉邦建立漢朝的張良。他是韓國貴族的後代，秦始皇滅了韓國，他恨之入骨，一心想報仇。只可惜苦心找來的行刺者認錯了目標，120斤重的大鐵塊沒能砸著仇人。

秦始皇僥倖逃過一劫，可是也沒能再活多久。西元前210年7月，在第五次巡遊回京的路上，他一病不起，最後死在了途中。

在這次巡遊中，秦始皇的小兒子胡亥一直跟隨在左右。為了奪取皇位，他和宦官趙高串通一氣，嚴密封鎖皇帝已死的消息。當時正值夏季，天氣酷熱，秦始皇的屍體很快開始腐爛。為了掩蓋那難聞的氣味，趙高叫人在秦始皇的車裡放了許多又腥又臭的鮑魚。就這樣，「千古第一皇帝」與腥臭難擋的鮑魚一起，伴著驕陽，回到了京城。

指鹿為馬

　　在第五次巡遊路上，病情越來越重的秦始皇預感到自己快不行了，就讓宦官趙高代替他給大兒子扶蘇寫信，讓扶蘇回來繼承皇位。可是秦始皇一死，趙高就起了壞心眼，把寫給扶蘇的信藏了起來。他悄悄去見胡亥，說：「現在天下的權力就掌握在公子、丞相和我三個人手裡。公子難道不想做皇帝嗎？」胡亥有點害怕，說：「廢兄立弟，恐怕會遭到天下人的反對。再說，丞相能同意嗎？」

　　丞相李斯當時也跟隨秦始皇出遊。他正考慮著請公子扶蘇即位，並為始皇帝辦理喪事，趙高卻鬼鬼祟祟地來了，說：「始皇帝臨終立下的詔書，只有咱們兩人知道。到底由誰來即位，全憑我倆一句話。丞相您說該怎麼辦才好？」

　　李斯心裡一驚，馬上板起臉訓斥趙高：「這叫什麼話！先帝已經安排妥當，難道你想謀反不成？」趙高不但不怕，反而堆起笑臉說：「請問丞相，您的才能、您的功勞，還有您與公子扶蘇的關係比得上蒙恬將軍嗎？」李斯明白趙高的意思——扶蘇當了皇帝，會拜蒙恬為丞相，他李斯只能坐冷板凳了。但李斯說：「我當然比不上蒙將軍。就算這樣，我也不能違背先帝遺詔！」

　　趙高臉色變冷了，威脅說：「現在先帝的詔書和璽印都在公子胡亥手裡。丞相要是死心眼，一定會惹下大禍的。丞相就不想為子孫留條後路嗎？到那時只怕後悔也來不及囉！」

　　李斯終於害怕了。於是趙高拉著他去見胡亥，三個人密謀偽造了一份秦始皇的遺詔，將帝位傳給胡亥。然後他們又以秦始皇的名義寫了一封信給扶蘇，說他為子不孝，蒙恬為臣不忠，命令他們自殺。

　　等得到公子扶蘇已死的確切消息，胡亥這才公開為秦始皇發喪。隨後，胡亥即位做了皇帝，號稱「秦二世」。

　　胡亥即位後一直提心吊膽，害怕兄弟們找他算帳。這時趙高又給他出主

意：乾脆一不做，二不休，把幾十個哥哥姐姐全殺掉！胡亥竟毫不猶豫地答應了。於是趙高找了種種藉口，把秦始皇的兒子女兒殺得只剩下胡亥一個，朝廷上那些不聽話的大臣輕則撤職，重則處死，就連丞相李斯也是自身難保。

本來胡亥登基也有李斯的功勞，趙高卻深怕李斯妨礙自己，一心要拔除這顆「眼中釘」。李斯的兒子李由在外地駐防，跟農民起義軍作戰時陣亡，也算是為秦王朝盡忠。可是趙高卻造謠說李由和起義軍有勾結，又說李斯想奪取皇位。秦二世天天在深宮裡尋歡

作樂，只覺得當皇帝是世界上最美的事，當然恨死了想奪他權力的人。李斯被從監獄裡拉到大街上，披頭散髮，面無血色。他當初聽了趙高的話，不但害了自己，也連累了家人，真是一失足成千古恨啊！他痛哭流涕地對二兒子說：「現在我想和你一起去老家的野地裡打兔子，還能辦到嗎？」可憐李斯一家，糊里糊塗地被殺了個一乾二淨。李斯死後，秦二世拜趙高為丞相，朝廷大權完全被野心家把持了。

　　就在秦二世即位的這一年，陳勝、吳廣領導的農民大起義爆發。秦二世只知盡情享樂，根本不相信會有這種事發生，甚至把報告消息的人關進了監獄。直到起義軍攻打到離咸陽一百多里的地方，他才大吃一驚，急忙派章邯（音「ㄏㄢ」）做大將，率領幾十萬大軍前去抵擋。

　　章邯雖然打了幾場勝仗，最後卻投降了另一支由項羽率領的起義軍。隨後，由劉邦率領的起義大軍攻佔了武關，打開了通向咸陽的東大門。消息傳來，秦二世和大臣們都嚇壞了，一個個像熱鍋上的螞蟻，坐立不安。此時趙高卻想趁亂殺了秦二世，自己做皇帝。他怕大臣們不服，就想了個「指鹿為馬」的花招，試驗一下人們的態度。

　　一天，趙高去上朝，既不坐車，也不騎馬，卻牽著一隻梅花鹿，直牽進入大殿。秦二世很驚訝，就問他這是要幹什麼。趙高看看秦二世，又看看

那些大臣，一本正經地說：「這是臣下剛得到的一匹好馬，打算送給皇上。」

秦一世哈哈大笑，說：「丞相真會開玩笑！這明明是鹿，怎麼說是馬呢？」趙高向大臣們擠了擠眼，大聲說：「這明明是馬，怎麼能說是鹿呢？陛下要是不信，就讓大臣們說說看，牠究竟是鹿還是馬？」

秦二世自從當了皇帝，一直對趙高的話深信不疑，可要說眼前這牲口是馬，他無論如何都不相信。難道是自己的眼睛出了問題？那就讓大臣們來瞧瞧吧！

大臣們不知道趙高在玩什麼鬼花樣，都圍著梅花鹿看來看去，多數人什麼話也不敢說。有幾個無恥的傢伙想討好趙高，就說：「哎呀！真的是馬！」趙高馬上得意地說：「陛下聽到了吧？我說是馬，牠就是馬，錯不了！」

大臣當中也有正直的，他們堅持說：「明明是鹿，怎麼是馬？」這時，趙高就陰笑著不說話。可散朝後沒幾天，他便捏造了種種罪名，把這些說實話的大臣全都關進監獄。

趙高的陰險和狠毒很快傳遍京城，朝野上下沒有不怕他的。看到時機已經成熟，趙高決定派他的女婿閻（音 ㄧ ）樂帶領人馬去殺秦二世。

閻樂領人殺死衛士，直闖皇宮。他指著胡亥的鼻子破口大罵：「你這個昏君！殺了那麼多人，做了那麼多壞事，真是罪大惡極！如今百姓都起來造反了，你該怎麼辦，好好考慮考慮吧！」言下之意，就是逼胡亥自殺。

胡亥想跟趙高見面，閻樂惡狠狠地拒絕了。胡亥又提出願意把皇位讓給趙高，只求留下一條命。閻樂一抖寶劍，說：「我就是奉丞相的命令來除掉你這個暴君的！」胡亥這才明白自己上了趙高的當。他又氣又恨又悔，只好自殺了。

　　胡亥只活了23歲。他死後，
趙高要做皇帝，可是大臣們說什
麼也不承認，趙高只好抬出胡亥
的侄子子嬰繼承了帝位。

　　後來，子嬰終於殺了趙高這個能把鹿說成馬的野心家，但這
時，秦王朝的末日也到了。

風雨大澤鄉

秦二世沒有秦始皇的才能和威望，他的奢侈和殘暴卻超過了秦始皇。老百姓被迫為他修宮室、建墳墓、築長城、守邊疆，被壓榨得喘不過氣來。秦朝的法令則變得更加嚴酷，一人犯法，親屬和鄰里都受牽連。監獄裡人滿為患，路上也到處是被送往官府的罪犯，人們簡直快活不下去了。

有個名叫陳勝的青年，他胸懷大志，不甘心接受任人宰割的命運。起先，他曾在有錢人家當雇工，工作很重很累，報酬卻很少。有一天休息時，他對一同工作的夥伴們說：「將來誰要是富貴了，一定不要忘了一起受苦的老朋友啊！」大家都苦笑說：「你是個給人幹活的苦工，哪裡來的富貴呀？」陳勝長嘆一口氣，說：「唉！屋簷下的燕雀哪裡知道天鵝的志向呢？」

秦二世元年（西元前209年）七月，陳勝被徵召到一個叫漁陽的地方去做苦役。同時被徵召的共有900人，而陳勝和另一個叫吳廣的被選為隊長。吳廣也是個志向遠大的貧苦農民，兩人志趣相投，很快成了好朋友。在兩名身帶利劍的軍官押送下，苦役們頂著炎炎烈日，急急忙忙地趕路，生怕誤了行期。因為按照秦朝的法令，誤了日期，全部的人都會被砍頭。

誰知天公不作美，當他們走到蘄（音ㄑㄧˊ）縣大澤鄉時，遇到了大雨。道路泥濘不堪，許多橋樑還被洪水沖毀了，大家就是想冒雨趕路都不可能。眼看規定到達的期限一天天臨近，可是大雨卻仍然下個不停，人們焦急萬分。

陳勝和吳廣私下商議：「我們肯定會誤期了。現在繼續向前走就是去送死；想辦法逃跑，被抓住也得死；起來造反，就算奪不了天下，頂多是個死！同樣是死，為什麼不轟轟烈烈地大幹一場呢？」

吳廣點頭同意，兩人便開始策劃具體的起義步驟。

陳勝說：「朝廷把人們壓榨得太苦了。這個秦二世是始皇帝的小兒子，不該即位，該當皇帝的是公子扶蘇，可是二世卻勾結趙高殺害他。老百姓都知道扶蘇賢能善良，卻不知道他已被害死。還有楚

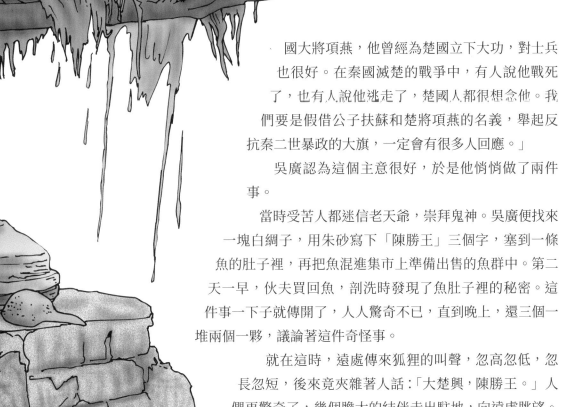

　　國大將項燕，他曾經為楚國立下大功，對士兵也很好。在秦國滅楚的戰爭中，有人說他戰死了，也有人說他逃走了，楚國人都很想念他。我們要是假借公子扶蘇和楚將項燕的名義，舉起反抗秦二世暴政的大旗，一定會有很多人回應。」

　　吳廣認為這個主意很好，於是他悄悄做了兩件事。

　　當時受苦人都迷信老天爺，崇拜鬼神。吳廣便找來一塊白綢子，用朱砂寫下「陳勝王」三個字，塞到一條魚的肚子裡，再把魚混進集市上準備出售的魚群中。第二天一早，伙夫買回魚，剖洗時發現了魚肚子裡的秘密。這件事一下子就傳開了，人人驚奇不已，直到晚上，還三個一堆兩個一夥，議論著這件奇怪事。

　　就在這時，遠處傳來狐狸的叫聲，忽高忽低，忽長忽短，後來竟夾雜著人話：「大楚興，陳勝王。」人們更驚奇了，幾個膽大的結伴走出駐地，向遠處眺望。

　　四周黑沉沉的，不遠處有座古廟，幾乎被叢生的雜草、樹木遮蔽，狐狸叫聲就是從那裡傳過來的。那樹叢裡還出現了火光，一會兒在這邊，一會兒又在那邊，亮一陣暗一陣。人們又驚又怕，趕緊逃回了營地。

　　大夥兒議論紛紛，對陳勝指指點點。在他們眼裡，陳勝再也不是一個尋常的人了。因為鬼神已經預言：秦朝即將滅亡，楚國將要復興，而帶領眾人完成這件大事的，就是這個陳勝！

　　吳廣見裝神弄鬼取得了預期的效果，便勸說大家順應天命，尊陳勝為王，共同反抗暴秦。人們都被他鼓動得熱血沸騰。

　　這一天，兩個押隊的軍官喝醉了酒。吳廣當著他們的面，故意揚言說：「我們去漁陽也是送死，不如逃跑吧！」軍官被激怒了，一個舉起鞭子抽打吳廣，另一個還拔出劍來要殺人。吳廣猛然躍起，奪過寶劍，反把那軍官殺死。陳勝也殺了另一個軍官。

　　手裡提著血淋淋的寶劍，陳勝跳到高處，大聲說：「我們被大雨阻擋，誤了期限。大家都知道，這是要殺頭的。即使運氣好，不被殺頭，在北方守衛邊防的人，十個也會死掉六七個。大丈夫不死則已，死就要死得轟轟烈烈。王侯將相，難道是天生的貴種

嗎？我們這樣的人怎麼就不能謀取富貴呢？」

900個年輕力壯的苦役群情激憤，齊聲喊道：「聽從陳大哥命令！」

陳勝和吳廣立即宣布起義。他們堆起一個土台子做祭壇，擺上兩個軍官的腦袋做祭品，然後對天盟誓，決心跟殘暴的秦王朝鬥爭到底。陳勝自立為將軍，吳廣為都尉。苦役們砍來木棍作兵器，並截斷竹竿，挑起一面旗幟，上面寫著一個大大的「楚」字。中國歷史上第一次農民大起義就這樣在大澤鄉爆發了！

起義軍很快攻克了蘄縣，又一連攻下附近幾個縣。長期受壓榨的人們終於有了報仇雪恨的機會，紛紛趕來參加這支反抗暴政的隊伍。沒過多久，起義軍已經擁有六七百輛戰車、一千多騎兵和幾萬步兵，成為一支聲勢浩大的軍隊。

攻克陳縣後，陳勝召集當地的豪傑和父老，商討反秦大事。大家都勸陳勝稱王，以順應民心。

於是，陳勝自稱「陳王」，定國號為「張

楚」，建立了歷史上第一個農民政權。消息傳出後，原先六國的貴族和百姓紛紛響應，重新樹起燕國、齊國、韓國、楚國等旗號，華夏大地到處都燃起了反秦的烈火。

在接下來的歲月，「張楚」大軍發展到幾十萬人，帶頭部隊打到離咸陽只有一百多里的地方。秦二世嚇壞了，連忙派大將章邯率軍抵擋。面對秦國強大的官軍，陳勝、吳廣奮力抵抗。然而由於內訌紛爭，吳廣和陳勝先後被殺，起義軍最後被秦軍打敗。可是由大澤鄉點燃的農民起義的熊熊烈火，最終葬送了秦王朝。

破釜沉舟

　　大澤鄉起義爆發後，項梁和項羽很快在吳中（今江蘇省蘇州市）起兵回應。項梁的父親，也就是項羽的祖父，即是陳勝、吳廣謀劃起義時提到的楚國名將項燕。項家人世代在楚國做將軍，楚國滅亡後，項梁、項羽由貴族變成了逃亡者，他們一直都在找機會復仇。

　　秦始皇最後一次巡遊時，曾經路過吳中。當時車馬煊赫，侍衛眾多，好不氣派！百姓們爭先恐後湧向街頭，項梁、項羽叔侄倆也擠向前去。只見金黃色的車幔下，鑲金嵌銀的御座上，坐著尊貴無比的當今皇帝，威風八面。項羽心裡頗不以為然，不由得脫口而出：「他沒有什麼了不起，我就可以取代他！」嚇得身旁的項梁趕緊捂住他的嘴，低聲警告：「你不要命了？說這話可要全家殺頭的！」

　　大澤鄉起義的消息傳來，項梁和項羽覺得機會來臨，便殺掉了當地的郡守，召集起8000人，奮起反秦。這時項羽只有24歲。不久，陳勝被秦將章邯打敗，項梁趕快率軍向前線挺進。

一路上，不斷有人加入，等渡過黃河，已發展到六七萬人。這時，又傳來陳勝被害死的消息。於是項梁聽從謀士范增的建議，派人四處尋找楚懷王的後代，結果找到了正在替人家放羊的熊心。熊心是楚懷王的孫子，只有13歲。當年楚懷王被騙到秦國，死在那裡，楚國人一直很懷念他，所以項梁找到熊心後就立他為「楚懷王」，一是順應民心，二是藉以號令天下反秦將士。

項梁一連打了幾場勝仗，非常驕傲，不再把秦軍放在心上。秦將章邯乘機發動偷襲，把項梁殺了。項梁一死，章邯認為楚軍傷了元氣，不會再有什麼作為，就轉身領軍北上，去進攻趙王歇領導的另一支反秦勢力。趙王歇抵擋不住，敗退到鉅鹿。

章邯派將軍王離領兵把鉅鹿圍困得如鐵桶般牢固。

　　趙王歇見形勢危急，趕忙四處求救。楚懷王接到求救信，立即派宋義做上將軍，項羽為副將軍，范增做末將軍，率軍北上救趙。

　　秦軍強大勇猛，都縮頭縮腦地遠離秦軍駐紮，宋義便下令全軍原地休息。這一「休息」就是46天！

　　項羽急得頭頂冒火，不斷催促宋義：「趙王被圍困，非常危急。我們應該盡快去救援。楚軍在外邊攻打，趙軍在裡面接應，裡外夾擊，一定能打敗秦軍！」

　　可宋義是個貪生怕死的人，不肯出陣還振振有辭：「我要等秦軍和趙軍打上幾仗，讓他們拚個你死我活，即可坐收漁人之利。」又對項羽冷嘲熱諷：「要說衝鋒陷陣，我是不如你，可要說出謀劃策，你就差遠囉！」

　　驕橫的宋義還嫌不夠，又給全軍下了一道命令：「軍中將士，哪怕勇猛如虎、武藝超群，只要他不服從命令，就一律殺頭！」這道命令顯然是衝著項羽來的，軍中人人都明白，項羽自然也懂，很是義憤填膺。

聊天，眾將士卻饑寒交迫，怨聲連天。

項羽趁機鼓動：「大家來到這是為了攻秦救趙，如今
卻忍饑受凍，空耗日月。小小趙國，哪裡擋得了虎狼般的秦軍，我們又有什麼漁人之利可
收？楚王把大軍交給上將軍，就是把國家安危交在他手裡。上將軍不肯出戰、不顧國家、
不體諒士兵，哪裡有效忠國家的樣子！」眾人覺得這話句句在理，對宋義更加不滿了。

第二天早晨，項羽全副武裝，大步走進宋義的軍帳，再次要求立即出兵救趙。

宋義大發雷霆：「我的軍令已下，你要以頭試令嗎？」

項羽大喝一聲：「我今天要借頭行令！」話音未落，已一劍斬下宋義的腦袋。

接著他走出營帳，大聲宣布：「宋義背叛楚國，我已奉楚王的密令把他殺了！」

將士們立刻表示他們都願意服從項羽的指揮，並擁立他做了代理上將軍。

項羽立即派兩萬軍兵做先鋒，渡過漳河去解鉅鹿之圍。緊接著，他親自率領主力部隊開到漳河南岸，下令埋鍋做飯，準備渡河船隻。這時趙國使者又來告急，說趙國的安危存亡全繫在將軍身上。項羽深知秦軍兵強馬壯，不好對付，但自信又強悍的他堅決說道：

「項羽一定不負趙王厚望！」

項羽讓士兵每人帶足3天的糧食。第二天天剛濛濛亮，全軍便整裝待發。他下令砸碎所有做飯的鍋，將士們都愣了。項羽說：「沒有鍋，我們可以輕裝前進，盡快解救趙國。至於吃飯嘛，讓我們到章邯軍營中取鍋做飯吧！」大軍渡過漳河，項羽又命令鑿沉渡船，燒掉行軍帳篷。這是明確地向士兵們表示：退路沒有了，從此只能進不能退，這一仗如果打不贏，誰也活不成！

楚軍包圍了秦國軍隊，兩軍展開了激戰。楚軍鬥志昂揚，人人以一當十，個個奮勇殺敵，3天中與秦軍打了9次仗，殺得煙塵蔽日，天昏地暗。喊殺聲、格鬥聲、馬叫聲、車行聲在鉅鹿城外響成一片，真有山搖地動、鬼神同驚的氣勢！

楚軍將士越戰越猛，終於以少勝多，把秦軍打得大敗。混戰中秦將蘇角被殺，王離被虜，絕望的涉間自焚而死。章邯帶著殘兵敗將慌忙後退，最後走投無路，對項羽投降。楚軍大獲全勝，鉅鹿之圍終於解除了。

本來，各地趕來救趙的軍隊有十多路，但這些軍隊的將領懼怕秦軍，不敢出戰。楚軍與秦軍交戰時，他們躲在營壘後觀看，被楚軍的勇猛嚇得面無血色。項羽打敗秦軍後，召見這些將領，只見他們又懼怕又慚愧，雙膝發軟，跪在地上匍匐向前，表示自願獻出軍隊，由項羽統一指揮。

鉅鹿一場惡戰，擊敗了秦軍主力。從此，項羽威震天下，成了各路反秦軍隊的首領。

鴻門宴

　　楚懷王派宋義、項羽北上救趙的同時，又派劉邦率領一支起義軍向西去打咸陽。由於秦軍主力都在鉅鹿一帶，劉邦便乘虛而入，直搗秦王朝的老巢。他盡量避免與秦軍正面交戰，很快就打到咸陽附近的灞上。秦王子嬰見大勢已去，只好素車白馬，手捧皇帝璽印，脖子上掛著白綾，向劉邦投降。

　　劉邦進入豪華的宮殿，看到數不盡的珍寶，滿心歡喜，打算住在宮裡不走了。大將樊噲（音ㄎㄨㄞ）和謀士張良勸他不要貪圖享樂，以免走上秦朝的老路。劉邦幡然醒悟，知錯就改，立即封了皇宮和官府倉庫，又回到灞上。

　　為了爭取百姓的擁護，劉邦召集關中地區的重要人物，和他們「約法三章」，即廢除秦朝的嚴刑酷法，只保留3條法律：殺人償命，傷人和偷盜按罪論處，同時要求各級官吏各司舊職。聽說後，關中地區人人歡欣鼓舞，都歡迎劉邦做「關中王」。

　　這時，項羽打敗了鉅鹿的秦軍主力，率軍向西進發。當他們打到函谷關時，劉邦的軍隊卻不放他們進關。項羽勃然大怒，一聲令下，楚軍很快攻破函谷關，進駐到離灞上只有40里的鴻門。

　　當時項羽有40萬軍兵，要消滅劉邦的10萬人馬是很容易的。被項羽尊稱為「亞父」的軍師范增說：「沛公（劉邦的封號）本來貪財好色，如今進了咸陽，財物、美女都不動，可見野心不小。上將軍應該盡早除掉他！」恰巧這時劉邦手下有個叫曹無傷的將領想投靠項羽，他暗中派人

對項羽說：「沛公想做關中王，獨佔秦朝的珍寶財富。」項羽不由得火冒三丈，馬上下令：「明天一早，士兵飽餐一頓，攻打劉邦！」

項羽有個叔叔叫項伯，跟張良關係很好。他怕明天打起仗來張良出意外，就連夜騎馬跑到劉邦的營地，把消息透露給張良，要他趕快逃跑。張良說：「我跟隨沛公一起進關，遇到危難卻獨自逃跑，那也太不仗義了。我得告訴沛公一聲。」

張良把情況告訴了劉邦。劉邦大驚失色，急忙問：「這可怎麼辦？」張良說：「您估計自己能跟項羽抗衡嗎？」劉邦愁眉苦臉地說：「當然不能。這可怎麼好！」張良說：「只能請項伯幫忙跟項羽求情了。」

　　劉邦連忙把項伯請進大帳，說他自己雖然先入關，卻什麼都不敢動，只盼望項羽能早日到來。派兵把守函谷關是為了防備盜賊，絕無抗拒項羽的意思，還請項伯幫忙向上將軍解釋。最後，劉邦還把女兒許配給了項伯的兒子。項伯十分感動，答應一定替劉邦說話，並且出主意讓劉邦親自去向項羽謝罪。說完，他便連夜趕回鴻門，勸說項羽去了。

第二天一早，劉邦帶著張良、樊噲等100多人來鴻門拜見項羽。他十分恭敬地說：「我和將軍同心協力進攻秦軍，將軍在黃河北，我在黃河南，我也沒料到能先打進關中，攻破咸陽。現在小人造謠，挑撥將軍和我的關係，使我們之間有些誤會，還望將軍明察！」項羽見劉邦態度謙卑誠懇，火氣消了大半，不假思索地說：「這都是你的部下曹無傷講的，要不我怎麼會這樣生氣？」然後叫人擺起酒席，宴請劉邦。

席間，項羽和項伯坐在主位，亞父范增作陪；劉邦坐在客位，張良作陪。項羽不斷勸劉邦喝酒，態度越來越好。范增一看，很是著急，幾次遞眼色，又一再舉起身上佩帶的玉，示意項羽趕快下令殺掉劉邦。可項羽心裡不忍，假裝沒有看見。

范增急了，找個藉口出去，叫來項羽的堂弟項莊：「上將軍心不夠狠，不肯殺劉邦。你進去敬酒，請求舞劍助興，趁機下手。不殺掉劉邦，你們這些人將來都得被他殺掉！」

項莊答應下來，進去敬酒，說：「大王請沛公飲酒，可惜軍中沒什麼娛樂，請允許我舞劍為大家助興！」說罷便拔出寶劍，一招一式地舞弄起來，且越舞離劉邦越近。坐在席上的項伯見項莊在打劉邦的主意，生怕他的兒女親家吃虧，便也拔出劍，與項莊對舞，時時用身體掩護劉邦，
使項莊無法下手。

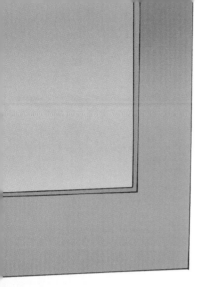

劉邦嚇出了一身冷汗。

張良見劉邦處境相當危險，趕忙溜出營帳，對樊噲說：「情況緊急呀！項莊舞劍，用意是要殺沛公！」樊噲跳起來，焦急地說：「這還了得！我去！死也要死在一塊兒！」他一手提劍，一手舉著盾牌，撞倒幾個阻擋他的士兵，氣呼呼地闖了進去，站在劉邦身邊，圓睜雙眼，狠狠盯著項羽。

項羽見突然有個人闖進來，趕忙一手按劍，問道：「你是幹什麼的？」張良上前一步，搶先回答：「這是給沛公駕車的樊噲，進來討賞。」項羽看著高大粗壯的樊噲，說：「好一個壯士！賞一杯酒。」樊噲拜謝了，接過酒一飲而盡。項羽又說：「賞一條豬腿給壯士下酒。」侍從拿來一條生豬腿，樊噲把盾牌扣在地上，用劍切下豬腿肉來吃，一會兒就吃完了。項羽問：「還能喝酒嗎？」樊噲說：「我死都不怕，還怕喝酒？楚懷王曾跟將領們約定，誰先攻進關中，誰就做關中王。如今沛公攻進咸陽，東西絲毫不取，封好府庫，等候將軍到來。這樣勞苦功高，將軍不但沒有獎賞，反而聽信小人的話，要殺有功的人，這不是在走秦王兇暴的老路嗎？」

項羽一時不知該怎樣回話，只是說：「請坐，請坐！」這時舞劍的兩個人也停下來了，宴會上的緊張氣氛有所緩和。

不久，趁劉邦上廁所的機會，張良和樊噲跟了出去。在他們的勸說下，劉邦決定不辭而別。他叫張良留下來向項羽謝罪，自己則帶著樊噲等人，抄近路回到了灞上。一進大帳，他就立即下令殺了曹無傷。

估計劉邦已經回到駐地，張良才進去對項羽說：「沛公喝醉了，不能來告別。這裡有白璧一雙，是沛公獻給將軍的；還有玉斗一對，是送給亞父的。」

項羽聽說劉邦走了，默默接過玉璧，放在案上。范增卻將玉斗狠狠扔到地上，拔出劍來劈了個粉碎，然後長嘆一聲：「唉！真是不中用的人，不配幫他出主意。將來奪取天下的，一定是劉邦。我們這些人都等著將來當他的俘虜吧！」

鴻門宴拉開了楚漢戰爭的序幕。後來劉邦設計挑撥項羽和范增的關係。項羽竟聽信謠言，真的懷疑起范增來。范增一氣之下告老還鄉，他又氣又傷心，最後死在路上。項羽少了這樣一位得力的謀士，楚漢戰爭最後的勝負，似乎已露出了眉目。

「胯下兒」拜將

「鴻門宴」以後，項羽率領大軍進入咸陽。和劉邦不同，他不但殺了秦王子嬰和許多秦國貴族，還放縱士兵搶劫財寶，擄掠婦女，並放火燒毀了秦朝規模最大、最豪華的宮殿阿房宮。關中百姓對項羽的殘暴很失望，拿他跟劉邦比較，寧願做劉邦的臣民。

項羽認為秦朝已亡，天下已定，就尊楚懷王為「義帝」，自稱「西楚霸王」；同時封劉邦為「漢王」，統轄貧窮的漢中、巴蜀一帶，而把富庶的關中地區封給了秦朝降將章邯等人，讓他們堵住劉邦向外的出路，限制他的發展與壯大。

就這樣，項羽自作主張封了18個王後，以為萬事大吉，回到江淮一帶自己的封地，並在彭城建都。

劉邦本應該做關中王，項羽卻憑藉強大的實力，把他封到偏僻貧瘠的西南，他心裡很不服氣，但沒有力量跟項羽抗衡，只好到其建都的四川南鄭去。古代入四川是沒有道路的，因此，從咸陽到南鄭必須走棧道。這種棧道就是在懸崖絕壁上鑿孔，支架木樁，再鋪上木板，形成了一條簡易的「路」，人可從上面慢慢地爬過去。劉邦命令將士們爬過一段，燒掉一段，藉此表示自己無意再回關中，讓項羽放鬆戒備心。

可是他的士兵大多是關中人，見棧道被燒，以為再也回不了家鄉了，便紛紛逃跑。有一天晚上，明月當空，劉邦正在王府中休息，隨從急惶惶來報告：「蕭丞相也逃跑了！」劉邦又驚又氣，坐立不安。不料過了兩天，蕭何又回來了，見劉邦滿面怒容，趕忙解釋說：「我一直跟隨大王，怎麼會逃跑呢？我是追趕逃跑的人去了，只是沒來得及向您報告。」

劉邦問：「是誰值得你這樣匆忙去追？」

「韓信。」

劉邦不禁大怒，質問道：「我的十幾個大將跑掉了，你都沒有追，為何偏偏去追一個無名之輩？」

蕭何說：「將領有的是，韓信卻是天下無雙。大王要是安於做漢中王，那就用不著他；大王要想奪取天下，他就是難得的將才。就看大王的志向如何了。」

劉邦當然想奪取天下。蕭何說：「那就得重用韓信，只有重用，才能留住他。」劉邦想用韓信做將軍，蕭何認為不夠。劉邦說：「那就拜他為大將吧！」蕭何說：「這太好了！大王向來不講禮節，可拜大

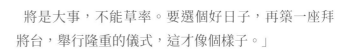

將是大事，不能草率。要選個好日子，再築一座拜將台，舉行隆重的儀式，這才像個樣子。」

劉邦聽從蕭何的建議，舉行了隆重的拜將儀式。韓信原是管糧草的小官，突然被拜為大將，人們都很驚奇。劉邦心裡也有些不安，儀式結束後，就請韓信坐在上位，說：「蕭丞相多次稱讚將軍，將軍有什麼好計策指教我呢？」

韓信分析了當時的形勢，指出項羽不會用人、不肯賞賜功臣、殘暴燒殺等致命的弱點，認為劉邦只要採用相反的做法，就一定能戰勝他。一席話說得劉邦心服口服，直說：「我應早點重用將軍，早點拜將才是啊！」

韓信是淮陰人，小時候家裡很窮，可是他不去學習種田經商，偏愛使槍弄劍，所以被人們認為是遊手好閒的浪蕩子。有一次，一個青年屠戶攔住他，兩腿一開，站在大街上，指著韓信的鼻子挑釁：「韓信！你長得高大，身上帶著寶劍，樣子像個猛士，其實卻是個懦夫。你要是不怕死，就拔劍殺了我；要是不敢殺我，就乖乖從我褲襠下鑽過去。」韓信不想為一個無賴抵命，就彎腰從屠戶的胯下鑽了過去。結果滿街人都嘲笑他懦弱可恥，輕蔑地稱他「胯下兒」。

後來韓信加入項羽的隊伍，可幾次獻計項羽都沒採用。於是他逃離了楚軍，加入漢軍，管理飼養軍馬。有一次韓信犯了罪，同案的十幾個人都被殺了，他卻大聲說：「漢王不是想爭奪天下嗎？怎麼能殺壯士！」監斬官夏侯嬰很驚訝，覺得能說出此話的人一定不尋常，就把他推薦給漢王。劉邦卻只用他做管理糧草的小官，韓信大失所望，又逃跑了。幸虧蕭何與他談過幾次，知道他是難得的將才，這才演出了「月下追韓信」的一幕。

韓信當了漢軍大將，首先對劉邦建議：「項羽封章邯等人在關中做王，可是老百姓痛恨這些秦朝降將。漢軍將士個個都想打回關中，士氣高

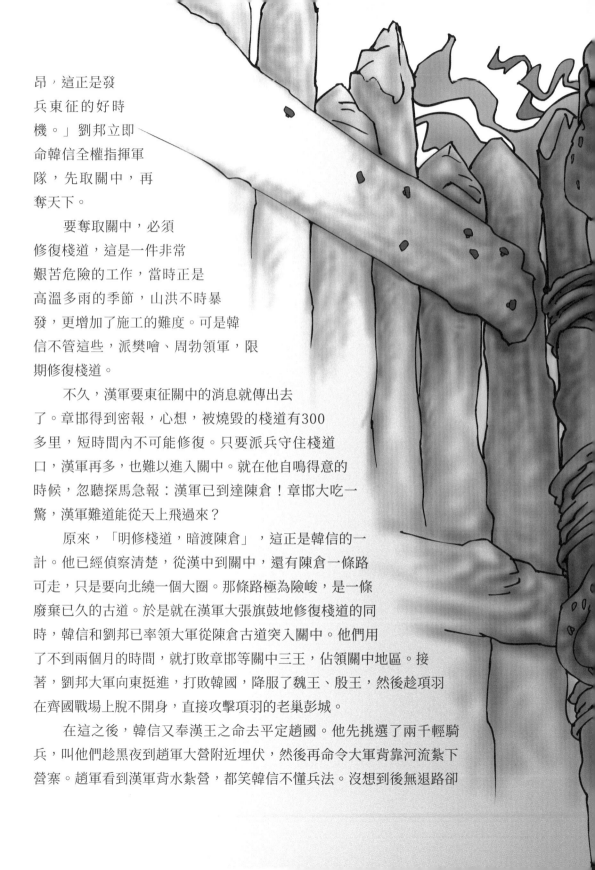

昂，這正是發
兵東征的好時
機。」劉邦立即
命韓信全權指揮軍
隊，先取關中，再
奪天下。

　　要奪取關中，必須
修復棧道，這是一件非常
艱苦危險的工作，當時正是
高溫多雨的季節，山洪不時暴
發，更增加了施工的難度。可是韓
信不管這些，派樊噲、周勃領軍，限
期修復棧道。

　　不久，漢軍要東征關中的消息就傳出去
了。章邯得到密報，心想，被燒毀的棧道有300
多里，短時間內不可能修復。只要派兵守住棧道
口，漢軍再多，也難以進入關中。就在他自鳴得意的
時候，忽聽探馬急報：漢軍已到達陳倉！章邯大吃一
驚，漢軍難道能從天上飛過來？

　　原來，「明修棧道，暗渡陳倉」，這正是韓信的一
計。他已經偵察清楚，從漢中到關中，還有陳倉一條路
可走，只是要向北繞一個大圈。那條路極為險峻，是一條
廢棄已久的古道。於是就在漢軍大張旗鼓地修復棧道的同
時，韓信和劉邦已率領大軍從陳倉古道突入關中。他們用
了不到兩個月的時間，就打敗章邯等關中三王，佔領關中地區。接
著，劉邦大軍向東挺進，打敗韓國，降服了魏王、殷王，然後趁項羽
在齊國戰場上脫不開身，直接攻擊項羽的老巢彭城。

　　在這之後，韓信又奉漢王之命去平定趙國。他先挑選了兩千輕騎
兵，叫他們趁黑夜到趙軍大營附近埋伏，然後再命令大軍背靠河流紮下
營寨。趙軍看到漢軍背水紮營，都笑韓信不懂兵法。沒想到後無退路卻

使漢軍拚死衝殺，銳不可擋。趙軍打不過，只得後退，可是他們的大營早已被那兩千輕騎兵佔領了。漢軍前後夾擊，趙軍全軍覆沒。

　　韓信用兵就是這樣奇計百出，為劉邦立下大功。

43

楚霸王烏江自刎

　　項羽率領部隊在齊國平定叛亂時，劉邦乘虛而入，攻佔了項羽的都城彭城。項羽得到消息，立刻領精兵3萬，快馬加鞭回去援救。雙方在濉（音 ㄙㄨㄟ ）水展開了一場大戰。楚軍人數雖少，卻個個英勇，人人奮力，漢軍抵擋不住楚軍的進攻，向後退卻，許多人被殺死，十幾萬人被推擠入濉水河中，河水都快流不動了。劉邦領著幾十個人從包圍中逃了出去。在路上，他遇見兒子劉盈和女兒魯元公主，把他們載上車。不久，楚國的騎兵追了上來。劉邦見形勢危急，為求保命，連孩子都不要了，一把將劉盈和魯元公主從車上推了下去。幸虧夏侯嬰騎馬過來，把兩個孩子抱上馬背。最後，劉邦和孩子們總算擺脫追兵，他的父母和妻子卻成了楚軍的俘虜。

　　彭城大戰後，劉邦帶領殘兵敗將退到了滎（音 ㄒㄧㄥ ）陽。從此，長達4年的楚漢之爭開始了。起初，楚強漢弱，兩軍互有勝負。漸漸地，雙方的地位發生了變化，劉邦的力量越來越強大，逐漸超過了項羽。這一是因為劉邦有富饒的關中地區做後盾；二是韓信剷除了一些北方諸侯，大大削弱了項羽的統治地位；三是劉邦在後方截斷了楚軍的運糧道路，有效地控制住楚軍；四是蕭何等人成功地策動了項羽身邊的勢力反叛，甚至使巧計讓足智多謀的范增也離開了項羽。

　　在局勢日益惡化的情況下，項羽不得不接受劉邦提出的和解條件：釋放劉邦的父親和妻子；雙方以滎陽以東一條名為「鴻溝」的河水為界，西邊為漢土，東邊為楚域。雙方各守疆土，互不侵犯。

　　鴻溝劃界以後，項羽率師回歸彭城。

可劉邦卻要趁機消滅項羽，他率領大軍在後邊緊緊追擊。項羽痛恨劉邦負約，猛地殺了一個回馬槍，把劉邦打了個潰不成軍。劉邦逃回軍營中，在軍營四周挖上深溝，躲在裡面不敢出來。劉邦知道單靠自己的力量難以取勝，就命令正在北方齊國據守的韓信趕來，與彭越、英布大軍會合一處，全力追擊項羽。

西元前202年冬天，西楚霸王項羽被圍困在一個叫垓（音 ㄍ ㄞ ）下的地方。

韓信在垓下的周圍布置了十面埋伏。項羽的人馬少，糧食也快吃光了，他想帶領人馬衝出去，可是漢軍和各路諸侯的人馬裡三層外三層地

45

層層包圍，多如蝗蟲，打退一批又上來一批，殺出一層還有一層。十幾天後，楚軍糧草斷絕，又無救兵，項羽沒辦法突圍出去，只好返回垓下大營。

這天晚上，項羽在營帳裡愁眉不展，他身邊美麗的妃子虞姬見他悶悶不樂，便陪他喝酒解愁。到了午夜，風聲裡忽然傳來陣陣歌聲，仔細一聽，歌聲竟是從漢營裡傳出來的，唱的全是楚國的曲調！項羽大為吃驚，疑惑地說：「難道楚地全被漢軍佔領了嗎？不然漢軍裡哪來這麼多楚人？」

原來這是張良的計謀，他教漢軍唱楚國歌曲，在夜深人靜時向楚軍進行攻心戰。果然，楚軍將士聽到四面楚歌，以為楚地全被漢軍佔領，士氣一落千丈，逃跑的人越來越多了。

轉眼，楚軍只剩下1000多人。項羽料到一場惡戰就要來臨，他不想束手就擒，決定在天亮前衝出重圍。

北風呼嘯，大地一片淒冷悲涼。軍營大帳中，燭光搖曳如鬼影，更增添了不祥的氣氛。在生離死別之際，項羽望著身邊心愛的妃子，聽著烏騅（音 ㄓㄨㄟ）馬的哀鳴，心亂如麻。他一邊飲酒，一邊唱起悲壯的歌：

力拔山兮氣蓋世，時不利兮騅不逝；
騅不逝兮可奈何，虞姬虞姬奈若何。

意思是說自己力大無窮，勇武蓋世，但時運不好，烏騅寶馬也跟著倒楣。自己死了倒沒什麼，可是虞姬啊虞姬，妳可怎麼辦呢？

唱著唱著，淚水竟沾濕了衣襟。左右侍從都低聲飲泣，不忍抬頭看英雄兒女情長。虞姬也和了一首悲歌，隨後拔劍自殺了。

悲痛欲絕的項羽當夜披掛上馬，趁黑暗向外突圍。這時跟隨他的只有800名親兵了。他們一路上被漢軍阻擊，渡過淮水時只剩下100多人。不想此時又迷了路，跑進一片沼澤地，被漢軍追上。楚軍邊戰邊退，不久只剩下28人了！

眼看漢軍蜂擁而來，項羽料定難以逃脫，感嘆說：「我起兵8年，作戰70多次，沒有打過敗仗，所以成為天下霸主。今天被圍困，不是我打仗不行，是上天要我滅亡啊！」這時漢軍逼得更緊了，項羽大喝一聲，衝入敵陣，旋風般斬了最前面的一員漢將和一名都尉，接著又一連殺了幾十人。他自己部下騎兵卻只損失了兩人。「你們看我怎麼樣？」項羽問部下。士兵們都說：「大王真如天神一般！」

他們再次突出重圍，退到烏江岸邊，江上卻一隻渡船也沒有。正在著急，一隻小船從蘆葦叢中蕩了出來。撐船的是烏江亭長，他又焦急又誠懇地對項羽說：「大王快上船吧！江東地方雖小，可也有上千里土地、幾十萬百姓。大王過了江，還可以在那裡稱王。請大王快快上船！」

烏江亭長的話觸動了項羽心裡的隱痛。他回頭看看僅剩的26名騎士，慘然地笑了笑：「當初江東子弟8000人跟隨我渡江西征，現在卻沒有一個活著回來。就算江東父老憐念我，讓我做王，可我有什麼臉面去見他們呢！」

項羽難過得說不下去了，停了一下才說：「您是一位忠厚長者，我沒什麼可以報答您。這匹馬多年來馱著我衝鋒陷陣，出生入死，我不忍心殺牠，就送給您吧！」說著把馬交給了亭長。他拍了拍馬的頭，差點流下眼淚。

很快，大隊漢軍追上來了。一番拚死搏鬥後，士兵們一個個倒下，項羽也身受十多處創傷。他在層層疊疊的漢軍中看到一個人很面熟，就大聲叫道：「你不是我的同鄉呂馬童嗎？聽說漢王出重金買我的頭，我把這個好處送給你吧！」說完揮劍自刎。

叱吒風雲的絕代英雄西楚霸王項羽，就這樣結束了他的一生，死時年僅31歲。

「七國之亂」

西元前202年，隨著項羽戰敗自殺，歷時4年的楚漢戰爭宣告結束。劉邦當上了皇帝，將國號改為「漢」，史稱「漢高祖」。漢朝的都城先是定在洛陽，後來遷到長安。

起先，漢朝的土地大部分都控制在各諸侯王手裡，劉邦直接統治的地區不過全國的四分之一。沒過一年，劉邦就以謀反的罪名，逮捕了勢力最大的楚王韓信，接著又消滅了其他異姓諸侯王。劉邦歸納秦朝只傳兩代就滅亡的教訓，認為郡縣制不好，有人起來造反時，皇帝連個幫手都沒有。他決定只封自家人做諸侯王，這樣，四方諸侯拱衛著皇帝，天下就是名副其實的劉家「家業」了。劉邦一口氣封了二十多個王，都是他的兒子、兄弟或侄子。他臨死前還留下旨意：「只要不是劉家人，無論他立下多大功勞，都不准封王。外姓人封了王，天下人就要共同討伐他！」

可是劉邦死後不久，皇后呂雉就破壞了這個規矩，封她的侄子、侄孫做諸侯王。要不是呂后死得早，劉家天下只怕要改為呂姓了。

文帝當了皇帝後，已經意識到同姓諸侯王的潛在威脅，曾採取一些措施，加強對他們的控制，但效益不大。各諸侯王的勢力越來越強大，漸漸地，他們的地盤占了天下的三分之二，而中央政權直轄的只有15個郡。更可怕的是，劉家人內部開始鬧起紛爭。

劉邦的二哥代王劉喜很無能，他的兒子劉濞（音 ㄅㄧˋ）卻很厲害。西元前194年，20歲的劉濞曾隨劉邦討伐淮南王英布，表現得很有膽量，還立了戰功，得到劉邦的誇讚，劉邦親自賜酒慰勞他。當時，劉濞千恩萬謝，一副忠心耿耿的樣子。在平叛之後，劉邦考慮到東南一帶不容易控制，必須有一個能幹的人坐鎮，就封劉濞為吳王。劉邦萬萬沒有料到，後來七國聯兵，挑頭造反的就是這個劉濞！

吳國地處東南，包括三個郡的50多座城池，是地域最大的一個王國。它東臨大海，內有三江五湖，還有一座銅礦山。劉濞招募勞工採礦煉銅，鑄造銅錢，又集中人力到海邊煮鹽。結果，吳錢流行天下，吳鹽行銷天下，吳國越來越富裕。劉濞的財富多得數不清，就放開手收買民心。他取消了百姓的賦稅，壯丁服徭役也發給工錢，逢年過節還派官吏去慰問鄉鎮的豪紳。這樣經營了30多年，吳國差不多成了不受朝廷約束的獨立王國。

吳國的強大引起了朝廷的不安，一些有見識的大臣紛紛表示自己的憂慮。如何控制諸侯王，已經成為當時在位的漢文帝不得不思考的問題。而就在這時，一件意外發生了。

　　劉濞的太子到長安朝見皇帝，漢文帝讓他和皇太子劉啟一起遊玩。一天，吳太子和皇太子玩「六博」（古代一種棋），說好誰輸了就罰誰喝酒。兩人玩著玩著卻起了爭執，皇太子覺得自己地位尊貴，要吳太子給他的棋子讓路；吳太子在吳國說一不二慣了，就是不肯讓。兩人越爭越凶，加上都喝了酒，竟醉醺醺地對罵起來。皇太子怒火萬丈，抓起棋盤朝吳太子砸去。那棋盤是烏木做的，又鑲了銅角，正巧砸在吳太子的太陽穴上，當場把他砸死。

　　皇太子殺了人，也只不過受皇帝一頓責備。文帝命人把吳太子的屍體裝殮好，用馬車送回吳國安葬。吳王劉濞死了心愛的兒子，心裡恨得咬牙切齒，卻沒有辦法替兒子報仇，只是怒氣衝衝地對送棺材的漢朝使者說道：「天下一家都姓劉，我的太子既然死在長安，就該埋在長安，何必大老遠送到吳國來！」說完命令使者把棺材又運回長安。

　　從此劉濞跟朝廷有了疙瘩。他假裝有病，年底不去朝見皇帝，秋天也不派使者進京送供品。漢文帝先是不滿，後來開始懷疑，於是吳國使者一到京師，朝廷就扣留，讓他們交代劉濞有什麼陰謀。吳王很害怕，就加緊了叛亂的準備。

　　漢文帝去世後，太子劉啟即位，就是漢景帝。漢景帝對諸侯國疑忌更重，上台不久就提拔晁（音 ㄔㄠˊ）錯做了御史大夫。晁錯認為各個諸侯國的發展態勢，很可能造成諸侯各自為政、國家分裂的局面。要想長期安定，就必須削減諸侯國的土地和諸侯王的權力。漢景帝深有同感，便和晁錯商定了具體的行動計劃。

　　這一年，各諸侯王照例來京城朝見時，晁錯突然公開揭露了楚王、趙王、膠西王等

53

人的非法行為。於是景帝趁機削減了他們的部分土地和城池。諸侯王們大吃一驚，知道朝廷要拿他們開刀了，紛紛思索應對的計策。

吳王劉濞決定先下手為強。他以「誅晁錯，清君側」為名，起兵造反。他對吳國百姓說：「寡人今年62歲，親自做軍隊的統帥；寡人的小兒子14歲，也帶頭參軍打仗。吳國男子，年齡在寡人之下、小王子之上的，一律隨軍出征。」他很快徵召了20多萬人，楚王、膠東王、膠西王、趙王、淄川王、濟南王也紛紛起兵響應。「七國之亂」就這樣爆發了。

漢景帝見叛軍聲勢浩大，心裡很害怕，轉而信任晁錯的死對頭、當過吳王丞相的袁盎。袁盎說七國叛亂是晁錯引起的，只要殺了晁錯，就能讓劉濞退軍。景帝居然同意了這荒謬的主張。於是，忠心耿耿的晁錯及其全家人都被殺害。

袁盎去見劉濞，說皇上已經殺了晁錯，下了詔書，令七國退兵。劉濞卻哈哈大笑說：「晁錯是該殺，可是你們殺晚了。我已經當了東方的皇帝，沒必要跟你們講和了！」驚恐的景帝派大將周亞夫領兵討伐叛軍。周亞夫戰功卓著，善於用兵打仗。與叛兵交戰不久，就把吳、楚兩國的兵馬打得落花流水。這兩個帶頭叛亂的諸侯國一垮，其餘五個諸侯國就不戰而潰了。

平息七國叛亂後，漢景帝又採取了許多措施，限制和削弱諸侯國勢力，使諸侯國實際上又變成了郡縣，漢朝的中央集權這才得以鞏固。晁錯的削藩主張終於得到了實現。

當初晁錯著手削藩時，他父親特地從老家跑來勸阻。晁錯說：「不這樣做，天下就不能安定。」父親卻說：「劉家的天下安定了，咱晁家可就完了！」見晁錯不聽勸，他父親不願看到全家大難臨頭，回家後服毒自殺。

為了國家利益，晁錯獻出了他的一切。

蘇武牧羊北海邊

漢朝內部問題解決了，但強大的外患卻讓人不得安寧。北方兇悍的游牧部族匈奴人從小生活在馬背上，長於騎射搏鬥，來去如風。他們經常進入漢地，殺害人民，搶奪財物。漢高祖劉邦曾親自帶領30萬大軍反擊匈奴，卻被40萬匈奴兵圍困了7天7夜，差點全軍覆沒。在漢景帝之後即位的漢武帝也多次派軍隊北征，但屢屢出兵不利，匈奴人仍時常進犯漢朝邊界。

漢武帝天漢元年（西元前100年），且鞮（音ㄉ一）侯做了單于（匈奴的最高統治者），他怕漢朝趁機襲擊，就主動派使者到長安來，表示要與漢朝和好。漢武帝認為這是改善兩國關係的好時機，就任命中郎將蘇武為正使，張勝為副使，帶領常惠等100多人，護送匈奴使者回國。

蘇武到達匈奴時，且鞮侯單于的地位已經鞏固。他見蘇武態度恭謹，禮品又豐富，認為漢朝是怕他南下侵擾，特地派人來賄賂他，所以態度十分傲慢。蘇武很失望，只能按使節的禮儀，不卑不亢地對待且鞮侯，維護漢朝的尊嚴。

　　就在蘇武完成使命準備回國時，發生了一件意外，讓一切都改變了。

　　以前有個漢人使者叫衛律，原是漢朝將軍，後來投降於匈奴。此人甘為匈奴盡忠效勞，深得且鞮侯單于的器重。衛律手下有個叫虞常的匈奴人，曾經投降漢朝，與張勝關係不錯。虞常和另一個夥伴對單于不滿，想劫持且鞮侯的母親歸附漢朝，並要殺死衛律。虞常把計劃告訴了張勝，並請求張勝幫助。張勝認為虞常做的是對漢朝有利的事，就答應了。沒想到虞常辦事不夠周密，計謀敗露，被單于抓了起來。

　　張勝見虞常被抓，知道難以隱瞞，才把事情經過告訴了蘇武。蘇武立刻意識到事情的嚴重性：「且鞮侯單于正發愁找不到把柄對付我們，你這樣做不是授人以柄嗎！」

果然，虞常被捕後受不住酷刑，供出了張勝。單于大怒，要把蘇武一行全部殺死。有人建議，處斬不如收降，單于便令衛律傳訊蘇武和張勝。

　　衛律以張勝參與謀反為由，要蘇武到匈奴朝廷接受單于審訊。蘇武說：「我們這次出使匈奴，是為了漢朝與匈奴修好。我身為漢朝使節，居然要受匈奴審訊，真是有辱皇上使命和大漢尊嚴！我寧死也不能受到這般侮辱！」說完，拔出佩刀就刺進自己的胸膛。

　　衛律大吃一驚，趕忙抱住蘇武，命人奪下佩刀。可是蘇武已經身負重傷，昏迷過去。衛律緊急召來醫官搶救。過了好久，蘇武吐出瘀血，漸漸甦醒。單于還想讓蘇武歸降，便派人仔細照顧他。

蘇武傷癒後，單于命他旁聽對虞常、張勝的審訊。張勝貪生怕死，主動投降。衛律手按佩劍對蘇武說：「張勝是漢朝副使，他犯了罪，正使應當連坐。你投不投降？」蘇武說：「我沒參加謀反，又不是張勝親戚，怎能連坐到我？」衛律見硬的不行，又來軟的，說自己投降以後得到了天大的好處，勸蘇武也歸順匈奴，享受榮華富貴。蘇武大罵衛律無恥小人，斥責他苟且偷生，為虎作倀（音 ㄔㄤ）！

　　且鞮侯單于見蘇武大義凜然，暗暗佩服他是條好漢，收降的心情也更急迫。他把蘇武關在地窖裡，斷絕飲食，逼他就範。蘇武渴了，就吞吃飄進地窖裡的雪；餓了，就揪下氈帳上的羊毛，慢慢嚼碎，咽下。靠著頑強的意志，竟支撐了十來天。匈奴的看守很驚訝，以為蘇武背後有天神相助，趕忙向單于報告。

　　單于沒辦法讓蘇武屈服，就把他一個人流放到北海邊上，不給任何糧食、衣物，讓他放牧一群公羊，說公羊生下小羊時就接他回去。

　　北海邊天寒地凍，荒無人煙，連鳥獸也很稀少。蘇武以羊皮為衣，靠野鼠、草根充饑，夜裡和羊群擠在一起禦寒。過了不久，單于又幾次派人來勸降，蘇武都堅決拒絕。

　　在漫長孤寂的歲月裡，蘇武忍受著常人難以想像的艱難困苦。唯一能陪伴他、帶給他安慰的，就是漢武帝親手交給他的旌節（繫有絨毛的竹杖，是出使的憑證），每

天放羊、睡覺都不肯放下。最後，節杖上的毛都掉光了，只剩下一根竹竿，他仍然抱在懷裡。回歸漢朝的堅定信念支持著他頑強地活下去！

　　6年後的一天，且鞮侯的弟弟於靬（音 ㄐㄢ）王來北海打獵，被蘇武的氣節所

感動，送給他一些衣物、食品和牛羊，蘇武的生活終於有所改善。可是3年後於軒王死了，住在北海附近的丁零人又盜走了蘇武的牛羊，蘇武再次過上野人的生活。

　　且鞮侯單于覺得蘇武應該熬不住了，就派漢朝的降將李陵去北海說服他。李陵曾是漢朝著名大將，蘇武等人被匈奴扣留後，憤怒的漢武帝立即派李廣利、李陵領兵攻打匈奴。在作戰中，李陵部隊寡不敵眾，深陷圍困，苦戰到兵盡糧絕，最後投降了。這天，他懷著複雜的心情來見蘇武，兩個老朋友坐在一起，感慨萬千。但見蘇武至此依然不改變初衷，李陵自覺慚愧，最後兩人灑淚而別。

　　漢武帝死後，漢昭帝即位。這時匈奴內部發生分裂，又想與漢朝議和。漢昭帝要求且鞮侯送回蘇武等人，且鞮侯卻說蘇武早就病死了。

　　後來，漢朝使者來到匈奴，流落在匈奴的常惠趁黑夜悄悄來見，說出了蘇武在北海放羊的實情。

　　隔天，漢朝使者去見且鞮侯單于，再次要他放蘇武回朝。單于堅持說蘇武真的死了。漢朝使臣道：「前不久，我們大漢天子在上林苑射下一隻大雁，雁腿

上綁著一塊布條，上面有蘇武親筆寫的字，說他正獨自在北海放羊。單于怎麼能說他死了呢？」且鞮侯見人家說得振振有詞，信以為真，只好放走蘇武。

這時，蘇武在匈奴已經待了整整19年。

蘇武出使時正當壯年，回來時已經鬚髮斑白，當年同行的100多人也只剩9人。聽說蘇武回來了，長安城萬人空巷，人們都出來迎接，看到蘇武還拿著那根光禿禿的節杖，無不感動得流下了熱淚。後來，還有人譜寫了《蘇武牧羊曲》，讚頌蘇武的愛國精神，被千古傳唱。

「賢人」王莽

　　王莽的一生很戲劇性。他先是人人誇讚、上下敬佩的「賢人」，後來卻成為人人喊打、天下共誅的「國賊」。

　　王莽的姑媽王政君是漢成帝的生母，被尊為皇太后，她的幾個兄弟都被封侯，掌握了國家大權。可是王莽的父親死得早，沒趕上封侯。於是在王氏一門中，王鳳、王根等是國家棟樑，他們的子弟都輕車肥馬，錦衣玉食，十分奢侈驕橫，只有無依無靠的王莽是個例外。

　　王莽一心要靠自己的努力超過幾個叔叔，建立不朽的功業。他樸素節儉，勤奮學習。在家裡他很孝順，在外面也謙虛恭謹，以禮待人，所以內外上下都很喜歡他。有一次王鳳生病，王莽天天跑去伺候。他煎藥嘗藥，夜裡也不脫衣睡覺，守在病床邊，隨時聽從王鳳的差使，比親兒子還殷勤周到。這樣持續了好幾個月，王鳳大為感動，臨死時，請太后和漢成帝抬舉王莽。

　　王莽又想方設法結交將相大臣和名士。大家看他品行端正，辦事幹練，都向漢成帝推薦，希望皇帝重用王莽這個難得的治國賢才。漸漸地，漢成帝對王莽有了好感，便封他為新都侯。從此，王莽更加刻苦謹慎地對待公事，還分出部分家財，送給那些窮苦的儒生。他的聲望越來越高。西元前8年，王莽被任命為大司馬，執掌了國家的軍政大權。這時他才38歲。

　　身為國家重臣的王莽依然保持著刻苦工作、儉樸生活的作風。有一次他的母親生了病，朝中大臣都派自己的夫人前去看望。這些滿身珠光寶氣的貴婦人來到王家，迎接她們的卻是一個穿粗布衣服的女人，大家以為是王家的僕人，一打聽才知道她就是大司馬的夫人。人們大吃一驚，更加敬佩王莽嚴於律己，一心為國。

　　漢成帝死後，漢哀帝即位。可是6年後漢哀帝也病死了，年僅9歲的漢平帝即位。因為皇帝年幼不懂事，太皇太后王政君只好替他臨朝。這時的太皇太后已年過70，管不了什麼事了，朝政大權便

完全落在王莽手裡。王莽看到漢朝的天下已經很不穩定，就有心改天換日，由自己來當皇帝。

可是怎樣才能達到目的呢？王莽絞盡腦汁，想出了一連串招數。他首先把有可能威脅自己地位的人統統治罪，接著在朝中培植親信和爪牙。他想做什麼，只要稍稍露出點口風，這些心腹爪牙就會按他的意思去說、去做。他有什麼要求，總是讓這些人先向太皇太后提出來，等太皇太后批准了，他又裝模作樣竭力推辭，謙虛誠懇的姿態不但使太皇太后滿意，就連朝中大臣也很感動，都願意聽他的調遣。

漢平帝即位的第二年，南方的越裳氏派來使者，獻上了一隻白野雞。白野雞是當地獨有的，非常珍貴，據說在周公輔佐周成王的時候，越裳氏曾經進獻過一隻。現在越裳氏又獻上白野雞，這不是暗示王莽就是漢朝的周公嗎？於是，王莽的親信向太皇太后上書，要求加封王莽為「安漢公」。

太皇太后同意了。王莽卻再三推辭，甚至不惜裝病，最後雖接受封號，仍堅決不要加封的土地。人們都紛紛上書稱頌，卻不知連那隻白野雞都是王莽安排好的。

這一年，中原發生了大規模的旱災和蝗災，死了很多窮苦百姓。王莽向太皇太后上書，一下子獻出自家的30頃地和100萬錢，讓朝廷用來救濟災民。在他的帶動下，許多官員和貴族也都散財救災。王莽還讓漢平帝下詔書，免除貧民和災民的租稅，家裡有人餓死的都發給安葬費。這樣一來，王莽的聲望更大了，人們甚至慶幸自己生活在「賢人」王莽執政的年代。

為了鞏固自己的地位，王莽決定為年僅12歲的漢平帝選皇后。他想把自己的女兒嫁給皇帝，卻用一貫的謙虛退讓法，讓別人替他去爭。結果他如願以償當上了國丈，他的兩個兒子也都被封侯。

為了表示自己尊重讀書人，王莽特意花錢修整太學，還發佈命令，讓全國各地推薦有學問、有才能的人到長安來。沒過多久，就有幾千名學者來投奔他。這時有大臣上書說：「現在皇帝還小，不能很好地處理朝政。不如讓安漢公代理皇帝的職權，就像周公那樣，這才有利於國家。」太皇太后又同意了。

漢平帝一天天長大，對王莽奪了他的權力很不滿。王莽知道後，就用毒酒害死了漢平帝，然後在劉家皇室中選了一個最小的、只有兩歲的劉嬰為皇太子，而把大權全部掌握在自己手中。這時，有人在淘井時挖出一塊白石頭，上面刻著「告安漢公莽為皇帝」幾個紅色大字。於是，王莽藉口老天顯靈，要求當攝政皇帝。太皇太后知道這是王莽搗的鬼，但她已經管不住王莽了，只好封他為「攝皇帝」。

眼看王莽要奪取漢朝的天下，劉家的後代和大臣這才醒悟，王莽的「禮賢下士」、「勤政愛民」都是假象，於是紛紛起兵反抗。在起義軍聲勢浩大時，王莽抱著小皇帝四處表白，說自己只是替皇帝分擔苦勞，並不想篡奪皇位。可是等他的軍隊打了勝仗，他再也不「謙虛」了，毅然決定改漢朝為「新朝」，自己做皇帝。

王莽派人去向太皇太后要傳國玉璽。太皇太后又生氣又悲傷，破口大罵王莽豬狗不如，受了朝廷深恩，反而要篡奪皇位。老太太罵過了又放聲大哭，並把傳國玉璽狠狠地扔在地上，摔壞了一個角。

西元9年正月，王莽正式做了皇帝，改國號為「新」，並進行了一系列的改革。可是改來改去，只是讓老百姓陷入更深的苦難中。不久，農民起義，風起雲湧，綠林、赤眉兩支起義軍尤其聲勢浩大，天下陷於一片混亂中。

劉秀安天下

　　劉秀是漢高祖劉邦的後代，家住南陽。王莽篡奪了漢朝政權，劉秀和哥哥劉縯非常不滿，一心要恢復劉家江山。西元22年，綠林軍開始向外擴展，他們見時機已到，便舉起大旗，召集起七八千人，和綠林軍合併在一起，並肩作戰。這時劉秀28歲。

　　不久，綠林軍推舉漢高祖劉邦的後代劉玄做了皇帝，稱「更始帝」。綠林軍恢復漢朝國號，因此也稱為漢軍。劉玄派劉縯率領主力軍攻打南陽，派劉秀等人向北進軍，佔領了昆陽（河南葉縣）等地。

　　起義軍聲勢越來越大，王莽恐懼萬分，連忙命大司空王邑徵兵。王邑徵發了40多萬

精兵，號稱百萬，還帶了一個叫「巨無霸」的巨人和一些獅子、老虎、長蛇等猛獸，浩浩蕩蕩前去鎮壓。西元23年5月，大軍到達昆陽城下，把昆陽城圍了幾十層。射進城裡的箭像急雨一樣，城裡的人得要背上一塊大木板，才能到井邊打水。

當時昆陽城中有綠林軍9000人，數量上顯然處於劣勢，不是王邑的對手。死守昆陽終究不是辦法，於是劉秀讓大將王常等人堅守，自己則領了12個勇士，趁著黑夜從南門衝出去搬救兵。

王邑的軍隊攻勢太猛，沒過多久，城裡的守軍就堅持不下去了。

正在這時，劉秀率領的幾千援軍趕到城下。

儘管有了援軍，這依然是一場實力懸殊的戰鬥。但劉秀帶領的幾千人鬥志昂揚，以一擋百，一下子把王邑的軍隊衝得大亂。城中漢軍趁機殺出來夾擊，喊殺聲震天動地。

戰鬥正激烈時，突然颳起了大風，緊接著電閃雷鳴，大雨傾盆。王邑軍中的獅子、老虎嚇得渾身發抖，全都衝破籠子，四處奔逃。王邑大軍徹底崩潰了，逃跑的士兵互相踐踏，死傷不計其數。暴雨使城邊的河水猛漲，王邑軍爭相渡河逃跑，成千上萬人被淹死，屍體把河道都阻塞了。最後逃出去的，只有王邑幾個人。

昆陽大戰後，更始帝劉玄進駐宛城，把這裡作為臨時首都。因為劉秀兄弟都立了大功，名揚天下，更始帝害怕他們奪去自己的皇帝寶座，就找藉口殺了劉縯。

劉秀當時正帶兵在外地作戰，聽到哥哥被殺的消息非常震驚。但他還沒有足夠的力量跟劉玄對抗，只好以退為進，趕回去向劉玄請罪。他看似對哥哥的死並不在意，在人前談笑風生，對劉玄更是百依百順。可是一到晚上，他就鑽在被窩裡哭。劉玄被表面現象所迷惑，以為劉秀沒記他的仇，有點過意不去，就拜他為破虜大將軍，封為武信侯。不久，起義軍攻克長安，殺死了王莽。這時劉秀建議，應該派使者到各地去擴充勢力。劉玄同意了，並派劉秀到河北地區去安撫起義軍。劉秀領命後立即出

發。這時有人提醒劉玄說這是放虎歸山，劉玄後悔了，趕緊派人去追，可已經晚了。劉秀渡過濁流滾滾的黃河，這才大大地鬆了一口氣，他總算擺脫劉玄的控制，可以自己打天下了。

可是劉秀在河北的活動非常不順利。因為邯鄲有個叫王朗的算命先生，聲稱自己是漢成帝的兒子，並趁王莽死後的混亂局面做了皇帝。王朗得到一些大地主的支援，勢力很大，聽說劉秀來了，他立即懸賞捉拿，逼得劉秀四處奔逃，處境十分狼狽。幸虧得到信都太守任光等人的支持，劉秀才徵集到4000精兵。隨後，他謊稱已經和附近幾處起義軍合兵一處，共有百萬大軍，來進攻王朗。消息一傳出去，河北人心惶惶。正在這時，劉玄也派出軍隊征討王朗。雙方合力，終於攻下邯鄲，殺死了王朗。

更始帝劉玄怕劉秀的勢力繼續擴大，趕緊派人封他為蕭王，並召他回長安商量大事。劉秀當然不願意再受劉玄的控制，就藉口河北

還沒有完全平定，拒絕回京，開始公開發展自己的勢力。

　　漸漸地，劉秀身邊聚集起一批很有才能的人物。在他們的協助下，劉秀打敗了力量較強的銅馬、青犢（音 ㄉㄨˊ）等農民起義軍，又收編了許多零散的起義軍。劉秀的軍隊很快達到幾十萬人，控制了黃河以北的大片土地。西元25年6月，在大將們的擁戴下，劉秀在鄗（音 ㄏㄠˋ）城登基稱帝，建國號仍為「漢」，表示自己是劉氏政權的正統繼承人。

　　這時赤眉軍在華陰擁立15歲的放羊孩子劉盆子當皇帝，也建立了自己的政權。加上長安的劉玄，天下共有三個「漢朝」。劉玄靠綠林軍坐了江山，進長安後卻讓許多舊官僚當官掌權，排斥起義軍將領。他一心追求享樂，經常喝得醉醺醺的，卻讓一個宦官坐在帳幕後，代替他和大臣說話。綠林軍的將領們都非常不滿。

　　赤眉軍的首領樊崇眼看更始帝腐敗無能，就率領20萬大軍進攻長安，殺死了劉玄，更始政權滅亡。

　　赤眉軍也不會管理天下。劉盆子當了皇帝，還是放羊孩子本性，經常穿著大紅衣服，跑出皇宮找以前的夥伴玩耍。長安附近的豪強地主也不支持赤眉軍，把糧食都藏了起來。西元26年春天，赤眉軍糧食吃光了，幾十萬人的口糧發生了問題，天天都有人餓死。樊崇只好率大軍撤出長安，向西流亡。途中遭到了當地地主豪強的攔劫，無奈之下，又向東轉移。劉秀在路上布下重兵，設了好幾道防線，對赤眉軍進行圍追堵截。經過多次激戰，終於吃掉了這支最強大的農民軍。

　　接著，劉秀開始與各割據勢力的戰爭。西元33年消滅了霸西北的隗（音 ㄨㄟˊ）囂。西元37年殺死公孫述，平定了四川。經過十多年內戰，劉秀終於統一了中國。

　　劉秀在稱帝後不久即定都洛陽。因為洛陽在長安的東邊，所以歷史上稱劉秀建立的漢朝為「東漢」，也叫「後漢」。劉秀是東漢第一個皇帝，史稱「光武帝」。這一段歷史，叫做「光武中興」。

董卓之亂

　　從漢和帝開始，幾乎每個東漢皇帝即位時年紀都很小。這就使朝政大權旁落到兩類人的手裡：一是皇上的娘舅家人，即外戚；二是皇帝身邊的奴才，即宦官。這兩類人互相爭權奪利，矛盾越來越尖銳，到了水火不相容的地步，把國家搞得烏煙瘴氣。

　　西元189年，漢靈帝死，14歲的漢少帝劉辯即位，便和太后臨朝聽政，她的哥哥何進掌握了政權。何進與宦官蹇（音 ㄐㄧㄢˇ）碩矛盾很深，準備殺掉蹇碩。中軍校尉袁紹建議乾脆借此把宦官們全殺掉，徹底剷除宦官勢力。可是何太后不同意，何進只好作罷。

　　袁紹又建議何進召集各方勢力進軍京師，脅迫太后同意誅殺宦官。何進於是暗中下令，讓涼州軍閥董卓帶兵入京。

　　董卓生性殘忍好殺，又是個大野心家，一心想控制東漢政權。何進的命令正中了他的心意，他立即率軍向洛陽進發。但就在這時，宦官們得到一個機會，誅殺了何進。何進的部下發兵進攻皇宮，宦官們帶著太后、少帝、陳留王等人逃出洛陽城，跑到了黃河邊。袁紹趁機進宮搜捕未逃走的宦官，無論老幼，格殺勿論，一共殺死2000多人。就在外戚和宦官互相殘殺，兩敗俱傷時，董卓領著他的涼州兵進城了。

　　當時京師的官兵人數很多，董卓覺得自己兵力單薄，就讓軍隊夜裡偷偷出城，白天又大張旗鼓地從四個城門開進來。這樣連續好幾天，好似有千軍萬馬似的，還真鎮住了掌

有兵權的袁紹。接著，董卓收編了何進的部下，又買通呂布殺死丁原並收為部將，兼併了丁原的兵力。如此一來，董卓勢力大振，在京城站穩了腳跟，他的野心也暴露出來了。

董卓做的第一件事情，是廢掉漢少帝劉辯，立陳留王

劉協為帝，因為他覺得劉協挺聰明的，比糊塗的劉辯強。他找袁紹商量，袁紹表示反對，兩人都發了火。最後袁紹逃出洛陽，準備起兵反董卓。

董卓強迫漢少帝退位，改立劉協，就是漢獻帝。公卿大臣們雖然不同意，但誰也不敢作聲。接著，董卓又毒死了何太后，自稱「相國」，把持住朝政，漢獻帝變成他手裡的傀儡。

從此，董卓憑藉手中的權勢，到處為非作歹。誰對他稍有不恭，就立即殺掉。他讓士兵打開國庫大門，搶走官府的金銀財物。對城裡

　　的富人，他也不放過，一再縱兵劫掠。他還下令毀壞東漢流行的五
銖錢，改鑄小錢，弄得物價飛漲，民不聊生。有一次董卓帶軍隊到達陽城，
正趕上百姓在舉行社火大會，祭祀土地神。董卓指揮軍隊把百姓包圍起來，男的
全部殺死，婦女及財物全部搶走，霎時哭聲震天，血流成河。他們又砍下男人們的頭，
掛在車轅下，將婦女、財物裝在車上，耀武揚威回到洛陽，還厚顏無恥地四處炫耀，說
是和敵人打仗獲勝的戰利品。

　　董卓的倒行逆施激起了人們強烈的憤恨。西元190年春天，關東各州郡紛紛起兵討伐
董卓。十幾路大軍、幾十萬將士一致推舉袁紹為盟主，往洛陽殺去。董卓抵擋不住，就
讓漢獻帝遷都長安。

　　在離開洛陽前，董卓幹盡了壞事。他下令把洛陽城裡的富人都抓來殺掉，把他們的

家產全部搶光，又下令燒了洛陽
的宮室、民房和周圍200里以內
的村莊，還讓呂布帶人，挖開東
漢歷代皇帝和公卿的墳墓，盜走
裡邊的金銀財寶。東漢政權苦心經營了近200年、
繁華壯麗的都城洛陽，就這麼被殘暴兇狠的董卓
毀成一片廢墟！

可是，關東各路討伐董卓的軍隊，誰也不願意打先鋒。最後，只有曹操率領自己的5000人和董卓的兵馬作戰，幾乎全軍覆沒。不久，各路軍又開始互相攻擊。這樣一來，董卓便贏得了充裕的時間，挾持著漢獻帝撤到了長安。

董卓看到關東局勢大亂，軍閥混

戰已經開始，知道暫時不會有人來進攻長安，於是他更加放肆了，根本不把漢獻帝放在眼裡，想用誰就用誰，看誰不順眼就殺掉。董卓的親屬都做了官，連他小老婆懷裡吃奶的嬰兒都被封了侯。董卓的車馬服裝和皇帝一樣。他甚至在長安西邊修了一座十分堅固的城堡，裡面存放的糧食夠吃30年，還收藏著無數的財寶。

司徒王允忍耐不下去了，他想方設法要除掉董卓。

董卓的部將呂布非常勇猛，董卓知道痛恨自己的人太多，就讓呂布隨時跟在身邊，兩人像父子一樣。可是有一次董卓發脾氣，拔出手戟（音 ㄐ ）就刺向呂布，幸虧呂布躲

得快才沒送命。從此，呂布心裡有了疙瘩。後來，呂布又和董卓的小妾私通，他很怕會被董卓發現，葬送了自己的性命，總是時時提防著董卓。

　　王允掌握了這些祕密，便有意親近呂布，獲得他的信賴，然後趁機勸他殺掉董卓。呂布答應了。

　　這一天，董卓身穿朝服，坐車來到皇宮。呂布早已暗中命令十幾個士兵埋伏在宮門口。董卓剛到，士兵們就衝了出來，舉槍便刺。董卓衣服裡穿著鐵甲，只傷到右臂。他從車上跌下來，大聲喊叫：「有刺客！呂布！呂布在哪裡？快來救我！」

　　呂布衝上去，說：「皇上有詔，討伐賊臣！」

　　董卓大罵：「臭奴才！怎敢如此對待主人？」

　　呂布也不答話，舉起長戟刺死了董卓，然後從懷裡掏出王允事前準備好的詔書，大聲宣佈：「只殺董卓，其餘人都不問罪！」

　　董卓雖然有很多衛兵，但都恨他罪大惡極，誰也不去幫他，反而高呼「萬歲」。

　　董卓雖死，但天下已經大亂。董卓的部將在關中展開了混戰，關東的袁紹、袁術、孫堅、曹操等各路軍閥也展開了血腥的兼併與屠殺。

　　中國又陷入可怕的戰爭中，東漢王朝，走到了末路。

曹操統一北方

　　曹操字「孟德」，小名「阿瞞」，是沛國譙縣人，從小喜歡騎馬射箭讀兵書，寫詩作賦也是一位高手，稱得上文武全才。他20歲出頭當了負責治安的洛陽北部尉，創製了獨門刑具「五色棒」，首先用在大太監蹇碩的叔叔身上，在洛陽引起很大震動，橫行不法之徒都很怕他。

　　董卓進洛陽後曾竭力拉攏曹操，但曹操看到董卓野蠻殘忍，認定他不會有好下場，就改名換姓逃回了家鄉。他散發家財，招兵買馬，聚集起5000人，打起討伐董卓的旗號，參加了袁紹領導的關東聯軍。但關東軍各懷私心，不去進攻董卓，反而自相殘殺。曹操大失所望，領著跟董卓拚死一戰後剩下的幾百人，退出聯軍，自行發展。

　　西元192年，青州地區的黃巾軍又起來造反。曹操趁機佔領兗（音ㄒㄩˇ）州，全力鎮壓黃巾軍。經過半年多的苦戰，他終於取勝。起義軍的精銳被編進曹操的部隊，稱「青州兵」，人數有30多萬。從此，曹操有了兗州根據地，兵力也大大加強，成為勢力超群的大軍閥。

　　不久，漢獻帝劉協擺脫董卓部將的控制，從長安逃回了洛陽，暫時住進一間破屋。這時的洛陽已是一片瓦礫，滿目蒿草，殘存的百姓只能靠剝樹皮、挖野菜活命。皇帝身邊的大臣，凡尚書郎以下，也都要去砍柴挑水挖野菜，朝見時只能站在荊棘草叢中，真是苦不堪言。曹操聽說了，就親自帶領一隊人馬，衝破各種阻撓，去朝見皇上。他藉口洛陽殘破，請漢獻帝遷都許城，獻帝同意了。大臣們聽說那邊有飯吃，不必天天

挖野菜充饑，也很高興。

　　建安元年（西元196年）9月，曹操護衛著獻帝和百官來到許城。隨後，他即被拜為大將軍，取得了「挾天子以令諸侯」的有利地位。

　　從董卓之亂到遷都許城，這七八年中戰亂不斷。農民死的死，逃的逃，大片土地荒蕪，加上大面積的水、旱、蝗災，全國發生了嚴重的饑荒。

　　曹操意識到糧食成了決定勝敗的關鍵。可是怎樣才能弄到糧食呢？他日夜寢食不安。

　　這時，一個幕僚出來獻計：「許都附近有大量荒蕪的土地，只要有人耕種，不愁沒有糧食。種田的人也不難找，軍中青州農民很多，種田是他們的本行，還有不少逃荒逃難的農民也想墾荒。」

　　曹操拍手讚嘆：「你說到我心上了！安定國家，在於強兵足食。既有軍屯，又

有民墾，何愁沒有糧食？」於是曹操頒發了《屯田令》，立即在許都附近墾荒種田。

　　屯田的成果令人欣喜，1年後，僅許都附近就使官府得到100萬斛（一斛等於十斗）穀子。幾年後倉庫裡堆滿了糧食，流亡的農民也漸漸安定下來。曹操的勢力越發強大了，他又善於用人，「唯才是舉」，身邊聚集起一大批謀士和良將。

　　屯田的第二年，曹操興兵討伐南陽軍閥張繡。第一戰曹操大敗，大兒子曹昂、侄子曹安民、衛隊長典韋戰死，他自己也受了傷。在撤退途中，曹軍紀律十分混亂。只有大將于禁帶領的幾百人隊伍嚴整，始終不亂。曹操感觸很深，下決心要嚴肅紀律，賞罰分明，增強軍隊的戰鬥力。於是，他陸續頒布了各種軍令和戰令，無論是誰，違犯軍令都要受到懲罰。

　　可曹操沒有想到，他自己首先觸犯了軍令。建安三年麥熟時節，曹操第三次討伐張繡，他下令：「全體將士不得踐踏麥子，違令者斬！」誰知在行軍途中，突然有一隻斑鳩呱呱叫著飛出來，撞到曹操的戰馬身上。戰馬受驚，竄入麥田，踩壞了一大片麥子。曹操下令軍隊停止前進，他抽出寶劍，對大家說：「我身為主帥，不可自殺，以髮代首吧！」說罷割下一把頭髮，扔在地上。

　　那時，割髮也是一種刑罰。事情傳開後，全軍上下無不震驚。再經過麥田時，大家更加謹慎，騎兵都一手牽馬，一手扶著麥子，小心翼翼地前進。

　　這時在北方的軍閥中，袁紹的勢力最大。為了全力對付袁紹，曹操決定先剷除呂布、袁術等割據勢力。西元198年，曹操率軍東征徐州。呂布走投無路，投降後被殺。西元199年，張繡投降，袁術也被徹底擊敗，吐血而死。

　　西元200年春天，袁紹率領精兵十多萬，南下攻擊

曹操。這時曹操手下的兵馬只有三四萬，他不甘示弱，卻也不敢硬拚，只好等待時機。袁紹兵將雖多，卻分散使用，兩戰後就失去了大將顏良和文醜。袁紹大怒，親自領軍向官渡進攻。曹軍拚死抵抗，雙方相持了一個多月。

為了打持久戰，袁紹從冀州調來一萬車軍糧，存放在官渡東北面的烏巢，派大將淳于瓊率兵守護。謀士沮授勸袁紹：「淳于瓊有勇無謀，貪酒成性，應該另派一支軍隊在附近巡邏。」可袁紹不聽。另一個謀士許攸看出袁紹不能成就大事，就投奔了曹操。這樣一來，曹操便完全掌握烏巢的守備情況。

　　這天晚上，曹操領5000精兵，改換成袁軍的服飾和旗號，騙過敵人，來到烏巢。淳于瓊喝醉了酒，睡得像死豬，士兵們也鬆散懈怠。衝進敵營的曹軍如入無人之境，見著袁軍就殺，見著糧倉軍帳就燒。袁軍大亂，淳于瓊也被亂槍戳死。

　　袁紹大營離烏巢不遠，看見軍糧被燒的火光映紅了天空，袁軍的士氣一落千丈。這時，袁紹偏偏自作聰明，認為曹軍偷襲烏巢，大營必定空虛，強令張郃（音 ㄏㄜˊ）、高覽前去襲擊。哪知曹操早有準備，在大營內外設下了重兵埋伏。結果袁軍腹背受敵，死傷無數，張、高二將也投降了曹操。隨後，曹軍乘勝全力出擊，把袁軍打得大敗。袁紹只帶著800多騎兵逃過了黃河。

　　官渡一戰，曹操以少勝多，消滅了袁紹軍隊的主力。在這以後的三四年間，曹操又徹底打敗了袁紹的殘餘勢力，驅逐了時常南下騷擾的烏桓，統一了中國北方。

三顧茅廬

董卓之亂後，在你爭我奪、混戰不休的軍閥群中，出現了一個不尋常的人物——劉備。

劉備是漢獻帝的遠房叔叔，人稱「劉皇叔」。當天下大亂時，劉備結識了關羽、張飛等勇士，趁機起兵。但他的勢力太小，又缺乏得力的謀士，所以起兵後近20年，始終沒有爭到自己的地盤。

西元198年，劉備和曹操同時討伐竟敢稱帝的袁術。可他還沒趕到前線，袁術已被曹軍打敗，吐血而死。於是，劉備殺了曹操指派的徐州刺史，佔領了徐州。曹操大怒，率軍攻城。劉備戰敗，只得投靠勢力強大的袁紹。可是不久曹操又在官渡之戰中打敗了袁紹，劉備在北方立不住腳，便逃到荊州，投靠了劉表。

雖然處處被動、屢屢失利，但劉備很懂得用人。他為人謙恭、俠義，注重人才，到處招納賢士。終於，他得到了富於謀略的徐庶，並靠徐庶的幫助在新野一戰中打敗了曹軍。劉備大喜，請徐庶擔任軍師。有一天，徐庶問：「主公聽說過臥龍先生嗎？」劉備說：「聽人說起過，不知他的才能比您如何？」徐庶急忙搖頭擺手，說：「我怎麼能跟臥龍先生比！硬要比較，那就是烏鴉比鳳凰了。」劉備十分驚訝，急忙讓徐庶去請臥龍。徐庶又搖頭說：「臥龍先生名叫諸葛亮，字孔明，雖然在隆中隱居種田，卻通讀經典史書，精通治國之道，還研究兵法，文武兼備。他胸懷大志，自比管仲、樂毅，一心要輔佐齊桓公、燕昭王那樣的君主，建立大功業。主公要想請他出山，還是親自登門為好。」

劉備聽得心花怒放，馬上決定親自去請臥龍先生。

第二天，劉備帶著關羽、張飛來到隆中。這裡山環水抱，美麗而又幽靜。三人騎馬來到一座山岡下，看到蒼松翠竹中掩映著幾間草屋。劉備下馬，親自上前敲門。一個小書僮出來，說先生不在家。劉備問：「先生去哪裡了？」書僮說：「先生朋友很多，大概是跟朋友們一塊讀書去了。」劉備不死心，又問：「先生什麼時候回來？」書僮說：「這也說不定，也許三五天，也許十幾天。」

　　劉備還想再問，張飛不耐煩了，說：「既然他不在，我們就回去吧。」劉備只好對小書僮說：「等先生回來，請轉告他，劉備前來拜訪。」三人掉轉馬頭，失望地離開了臥龍崗。

　　過了些日子，劉備第二次來到隆中。這時正是冬天，雪花飄飄，山裡一片銀白，很是好看。劉備卻無心賞景，只想早點見到臥龍先生。張飛有些生氣了，一路上吵吵嚷嚷，說一個山裡人，哪裡值得這樣來請。劉備說：「臥龍先生是非常難得的人才，我之所以冒著風雪去請他，就是要證明我的誠意。」

　　三人好不容易到了臥龍崗，諸葛亮卻又不在家！劉備很掃興，只好寫了封信，交給諸葛亮的弟弟諸葛均，說他非常想見臥龍先生，然後無精打采地回去了。

又過了不久，劉備打聽到諸葛亮確實在家，便準備第三次去拜訪。這次不但張飛反對，就連關羽也勸劉備別親自去了。

劉備對他們說：「現在天下大亂，有才能、重操守的人都隱居山林，不肯輕易參與渾濁的世事。像孔明這樣的賢人，不是一兩次就能請到的。」於是三人第三次來到了隆中。

這一次，劉備終於見到了大名鼎鼎的諸葛亮。

諸葛亮身高約有8尺（古尺），頭戴綸（音 ㄍㄨㄢ）巾，身穿鶴氅（音 ㄔㄤˇ），神采煥發，瀟灑倜儻。劉備見了心裡非常高興。他像學生對待老師那樣，恭恭敬敬又無所保留地把自己消除割據、興復漢朝的抱負向諸葛亮傾吐出來，誠懇地請教完成統一大業的方略。

諸葛亮覺得劉備與自己的政治理想相同，又謙虛誠懇，完全可以信賴，心裡也有說不出的高興。兩人越說越投機，從中午談到天黑，又從天黑談到黎明，彼此都有相見恨晚的感覺。

　　諸葛亮在隆中隱居的10年中，對天下的形勢做了認真的研究。這時，他從分析天下大勢入手，對劉備提出：要想統一中國，就應走聯吳抗曹，與長江以南的孫權以及曹操三分天下的道路。這就是歷史上有名的「隆中對」。

　　諸葛亮說：「自從董卓亂漢，豪傑四起，各據一方，都想爭奪天下。現在曹操擁兵百萬，又控制著皇帝，實在不能和他爭鋒。吳國的孫權佔據江東，已歷經父子三代。江東地勢險要，民心歸順，又有賢能之士輔佐，所以對孫吳只能聯合，不能吞併。目前可以佔據的只有荊州和益州。荊州交通四達，位置重要，是兵家必爭之地，但劉表沒有能力守住它。將軍想沒想過這是個很好的機會？」

　　劉備正聽得入神，見諸葛亮發問，便點了點頭，又催促諸葛亮說下去。

　　諸葛亮接著說：「益州地勢險要，沃野千里，號稱天府之國。但益州太守劉璋昏庸無能，人們都希望得到賢明的君主。將軍如果佔領了荊州、益

州，外結孫權，內修政治，完成統一大業就有希望了。」

　　聽了這一番話，劉備茅塞頓開，歡欣鼓舞，更加欽佩諸葛亮。於是他懇請諸葛亮出山，與自己共同完成統一大業。諸葛亮覺得劉備胸有大志，又見他三顧茅廬，誠懇邀請，便答應了。

　　這一年，劉備47歲，諸葛亮晚他20年出生，只有27歲。

　　劉備心願實現，十分高興，對關羽和張飛說：「我有了孔明，就像魚有了水一樣啊！」

　　從此，諸葛亮用他的全部智慧和才幹輔佐劉備打天下。而天下的形勢，也像諸葛亮預料的那樣，一直朝鼎足三分的方向發展著。

赤 壁 大 戰

「隆中對策」以後，劉備和諸葛亮開始謀取荊州和益州。這時孫權也想奪占荊州。曹操統一北方後揮師南下，同樣打算先奪取荊州，再攻克江東。恰在這時，統治荊州的劉表死了，他的兒子劉琮（音ㄘㄨㄥ）害怕曹軍威勢，不戰而降。這樣，西元208年夏秋之交，孫、劉、曹三股勢力在荊州碰撞，局勢立刻變得嚴峻複雜了。

劉備原想聯合荊州共抗曹軍，見劉琮投降，急忙向江陵撤退。曹操親自領5000騎兵，一晝夜追趕了300里，在當陽長阪追上了劉備。結果劉備被打得大敗，改道逃往夏口。曹操攻佔江陵，控制荊州大部分地區。

這時曹操據有軍事重鎮荊州，與孫權平分了長江天險，又新得劉琮的七八萬水軍，實力一下子大增，於是決定一舉消滅孫權。他不顧士兵們遠來疲憊，讓降將蔡瑁（音ㄇㄠ）、張允加緊訓練水兵，同時寫信給孫權，逼他投降。

孫權接到信，只見上面寫著：「本丞相奉皇帝之命，興兵討伐有罪之人。大軍南下，劉琮投降，百姓歸順。我現有大軍80萬，特邀將軍在江東決戰。」孫權把信交給文官武將們傳看，許多人都被嚇壞了。他們認為曹操打著天子的旗號，兵強馬壯，又有荊州水軍相助，銳氣正盛，不可抵擋，不如趁早投降，以免全軍覆沒。一時間投降講和之聲不絕於耳，孫權有些六神無主。

在關鍵時刻，魯肅挺身而出。他趁孫權上廁所的機會，追到屋簷下，說：「江東每個人都可以投降曹操，只有將軍您不可以。若我投降了，曹操還會讓我當官。可將軍投降了會有什麼結果呢？希望將軍早定大計，別讓這些膽小鬼誤事。」孫權握住魯肅的手，嘆息說：「你的話正合我意。眾人的議論真讓我失望呀！」最後孫權接受了魯肅「聯合劉備抗曹兵」的建議，派魯肅去見劉備。

劉備逃到夏口後，諸葛亮說：「情況緊急，我們必須盡快聯合東吳，共抗曹兵。」正好孫權派魯肅找上門來，劉備便讓諸葛亮跟魯肅一起去見孫權，共同商量破曹大計。

諸葛亮知道孫權不願投降，又怕打不過曹操，心裡正在猶豫，所以故意刺激他說：「曹操氣勢洶洶而來，將軍要是覺得能跟他抗衡，就立即與他決裂，否則就及早屈膝投降。現在將軍表面上服從曹操，內心卻猶豫不決，事情緊急卻不能當機立斷，只怕會大禍臨頭。」

果然，孫權聽了這話非常反感，說：「劉皇叔勢力更弱，他為什麼不投降？」諸葛亮說：「劉皇叔英雄蓋世，眾人仰慕，即使力戰不勝，被曹操滅掉，那是天意如此，又怎麼可能苟且偷生呢？」孫權被激怒了，氣沖沖地說：「難道我就可以苟且偷生？我已決心傾盡江東之力，與曹操一搏！但劉皇叔剛被曹操打敗，還有什麼力量去抗擊曹操？」

諸葛亮說：「劉皇叔現有精兵1萬，劉琦駐紮在江夏的1萬人馬也可調用。曹操兵馬雖多，但遠道而來，疲憊不堪，北方人又不習水戰。荊州降卒雖然善於水戰，卻不會為曹操賣命。將軍若能出幾萬精兵，與劉皇叔聯合，就一定能大破曹軍。曹操兵敗，必然退回北方。這樣，將軍立足江東，就可以和曹操、劉皇叔鼎足而立，三分天下。成敗存亡，全在於您今日的決斷！請將軍三思！」

諸葛亮的精闢分析使孫權心悅誠服，堅定了他的信心。孫權當即表示願意和劉備聯盟，並立即召集文官武將，商討抗擊曹軍的策略。

當時周瑜正在鄱陽訓練水軍，孫權把他召了回來。周瑜的主張和諸葛亮不謀而合，他慷慨激昂地陳述了曹操必敗的幾大理由，使人們都受到極大鼓舞。為了表示抗曹的決心，孫權抽出寶劍，猛地砍掉了桌案的一角，厲聲說：「誰再說投降的話，就和這几案一樣下場！」

孫權仼命周瑜做大都督，率領3萬人馬，與劉備的軍隊會合後，進駐赤壁，抵抗曹軍。

　　這時，曹操已把大營紮在長江北岸，與孫劉聯軍隔江對峙。只見曹軍戰船連綿，旌（音ㄐㄧㄥ）旗蔽空，聲勢十分浩大。但由於水土不服，軍中疾病流行。水戰訓練的效果也不好，北方士卒一上船就站立不穩，嘔吐不止。於是曹操下令用鐵索把戰船連在一起，再鋪上木板。這樣，船隻顛簸減輕，暈船的少了，軍人在船上行動也方便多了。曹操很得意。

　　一天，東吳老將黃蓋派人送來密信，說東吳不可能抵擋住強大的曹軍，可是周瑜和魯肅硬要以卵擊石，自取滅亡，他不願無謂送死，真心誠意要歸順曹操。曹操反覆讀信，覺得黃蓋說得合情合理，就信以為真。其實，正是黃蓋發現了曹軍連環船的致命弱點，並建議周瑜用火攻取勝，這「投降」只不過是麻痺曹操的計策。

　　當時正值隆冬，長江沿岸一般多颳北風。可是到了冬至那天，突然東南風勁吹。江東將士歡欣鼓舞，精神振奮，決戰的時刻終於到來了！

這天夜晚，黃蓋率領十幾艘大船，船上裝滿澆了油脂的乾柴，用帷布蒙好，然後扯起風帆，向北岸駛去。接近曹軍水寨時，軍士們齊聲大喊：「黃蓋投降來啦！黃蓋投降來啦！」曹軍都跑出來看熱鬧，幾乎沒有防備。突然，十幾艘大船燃起熊熊大火，借著風勢直衝曹軍水寨。曹軍的戰船連成一體，無法移動分離，接連起火。火借風勢，風助火威，竟一直燒到岸上的曹軍大營。江面上火光沖天，江岸邊濃煙滾滾，曹軍哭爹喊娘，亂成一團，被燒死、踏死、淹死的不計其數。

這時孫劉聯軍趁勢殺過江來。曹操知道敗局已定，便跳上戰馬，向江陵奔逃。孫劉聯軍水陸並進，窮追不捨。曹軍大敗，主力被消滅。

這就是歷史上有名的「赤壁大戰」，就此奠定了魏、蜀、吳三國鼎立的基礎。

諸葛亮

　　赤壁大戰後，年輕而具有傑出才能的諸葛亮受到了世人的矚目。他學識超群，智謀出眾，做事經常不循常軌，結果卻出人意料地好。

　　早在隱居隆中時，諸葛亮就聲名遠揚，許多人家都想把女兒嫁給他。可是諸葛亮卻偏偏娶了名士黃承彥相貌醜陋的女兒，大家都替他惋惜。其實，諸葛亮看重的是妻子的才學和品德。這位黑皮膚、黃頭髮的「醜女」不僅經常和丈夫一起研討學問，談論古今，還很有奇思妙想。她製作的木頭人能使石磨運轉如飛，很快把麥子磨成麵粉。後來諸葛亮帶兵北伐曹魏時，就利用這些技術製造了「木牛」、「流馬」，解決了在崎嶇山路上運輸大量軍糧的難題。

　　按照隆中對策，劉備在赤壁大戰後乘機佔領了荊州大片土地，又開始打益州的主意。他智謀與武力並用，迫使劉璋獻出了益州。這樣，劉備總算有了自己的地盤，並最終依靠益州稱帝建國，創立了「蜀漢」政權。這一切都是按照諸葛亮的設想來發展的。

　　西元219年，孫權偷襲荊州，殺死了關羽。劉備憤怒極了，不顧諸葛亮等人的勸阻，帶兵進攻東吳，卻被東吳的陸遜火燒連營，大敗後逃到白帝城，一病不起。劉備知道自己不行了，便差人速去成都請諸葛亮。

　　這天，愁雲濃密，細雨迷濛。劉備躺在床上，氣息奄奄，卻不時強睜開眼睛，詢問丞相到了沒有。諸葛亮披星戴月趕來，劉備翻身坐起，一把抓住他的手，非常誠懇地說：「丞相啊，我不聽你的忠告，犯了大錯，後悔莫及！我不行了，太子又年輕軟弱，家國大事就都託付給丞相了！」諸葛亮哭著勸劉備保養精神，劉備卻搖頭說：「以丞相的才能，一定能治理好國家，完成統一大業。我的兒子劉禪，如果可以輔佐，你就輔佐他，要是實在沒有出息，你就取代他。」諸葛亮放聲大哭，說自己到死都會盡心輔佐太子。

　　西元223年，劉備病死。繼位的劉禪年僅17歲，又很懦弱，諸葛亮成了蜀漢的棟樑。在接下來的歲月裡，諸葛亮推行法治，選拔人才，獎勵農業和手工業，使蜀國政治清

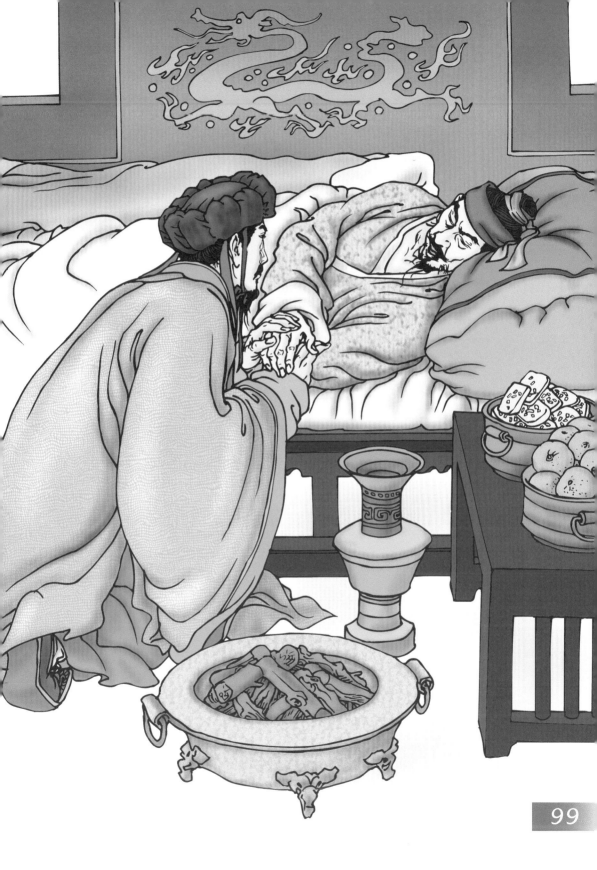

明，經濟發
展，社會安定。
與此同時，他重
建與東吳的聯盟，
積極為北伐曹魏作準備。
不料就在這時，西南地區被
稱為「夷越」的少數民族卻趁機
起兵反叛，侵犯蜀地。他們的總首
領叫孟獲，在西南少數民族中很有影響
力。諸葛亮決定率軍親征，平定叛亂。

　　大軍出發時，參軍馬謖（音 ㄙㄨˋ）前來送行，他說：「這次南征，應該以攻心為上，
攻城為下。希望丞相採取安撫的辦法，讓西南夷人徹底心服，這樣才能消除後患。」這
個建議正合諸葛亮的心思，因此他認為馬謖很有才能，心裡很高興。

　　戰爭開始了。諸葛亮命令將士對孟獲只准生擒，不許傷害，對叛軍也盡可能減少殺
傷。孟獲卻只會狠打猛殺，沒有智謀，不懂兵法，剛一交戰，就中了埋伏，被蜀軍活捉
了。諸葛亮命人把孟獲帶到大帳裡，問他：「你服氣嗎？」孟獲說：「我以前不知道你
們的虛實，這才吃了敗仗。我不服！」諸葛亮說：「那好吧，我放你回去重整軍馬，咱

們再打一仗。」孟獲果然重整兵馬，趁黑夜偷襲諸葛亮。不料他又鑽進諸葛亮早已布好的圈套，再次被活捉。諸葛亮見他仍然不服，就又放了他，讓他重整軍隊再來打。就這樣孟獲被捉了放，放了捉，到第七次被釋放時，孟獲終於被感動了。他跪倒在諸葛亮面前，說：「丞相有了不起的智謀，又有大山一樣的胸懷，實在教我佩服。從今以後，我們這些南人再也不造反了！」

諸葛亮讓孟獲和其他酋長繼續管理這一地區，自己回到北方，開始籌劃北伐曹魏。

西元227年，諸葛亮領軍進駐漢中，第二年春天神速出擊祁山，天水、南安、安定三郡的守軍相繼投降，有名的魏軍大將姜維也歸順了諸葛亮。魏國被震動了，魏明帝親自指揮對蜀作戰，派名將張郃來爭奪街亭。街亭是個咽喉要地，如果被魏軍奪去，蜀軍的糧道就被掐斷了。為了確保街亭不失，諸葛亮派自己信任的馬謖為主將，王平為副將，率領25000人前去固守。

馬謖命令全軍在街亭旁邊的南山上紮營。王平勸阻：「丞相囑咐我們在道口紮營，

這樣，張郃插上翅膀也飛不過去。」馬謖卻自信地說：「兵法講求居高臨下，勢如破竹。我們從山上向下攻擊，魏軍抵擋得住嗎？」王平說：「這是座孤山，魏軍把它圍困起來，後果不堪設

想。」可是馬謖一點也聽不進王平的勸告。結果魏軍大隊人馬到來，將南山團團圍住。蜀軍糧水斷絕，軍心渙散，紛紛下山投降。馬謖無法，只好下令突圍，又被張郃打得人仰馬翻。

　　諸葛亮聽說街亭失守，大吃一驚，馬上命令全軍退守漢中。事後諸葛亮嚴查街亭失守的責任，處死了馬謖。他同時痛悔自己用人不當，招致全軍失敗，並毅然上書後主劉禪，請求免去自己的丞相職務。

　　第三次北伐時，諸葛亮留兩萬老弱病殘駐守陽平關。不料魏軍大將司馬懿忽然率領20萬大軍前來襲擊。陽平關城小人少，守是守不住，逃也來不及，求援更是遠水不解近火。諸葛亮決定「空城迎敵」，他讓人捲起軍旗，大開四面城門，軍士都回到營房，百姓卻和平常一樣在街上來往，只有20名士兵與老百姓在城門附近打掃街道。一切都顯得平靜、安詳。司馬懿領大軍來到陽平關城門外的時候，看著眼前這一切，認為一生謹慎的諸葛亮是不會冒險的，城裡肯定藏有伏兵！心裡害怕，馬上傳令退兵。諸葛亮又一次贏得了勝利。

　　7年中，諸葛亮5次北伐，6出祁山，艱苦的生活和繁重的軍務使他的身體逐漸衰弱。西元234年8月，諸葛

亮終因操勞過度，病死在五丈原，時年54歲。

為了實現自己對劉備的承諾，更為了統一中國，諸葛亮鞠躬盡瘁，死而後已，受到人們的景仰和愛戴，成為後人心中智慧和忠誠的化身。

樂不思蜀

　　諸葛亮病死在五丈原的消息傳到成都，劉禪又傷心又發愁，一下子暈了過去。蜀漢也像塌了半邊天，上上下下全都籠罩在驚慌不安中。

　　劉禪一直沒有獨立治理國家的能力。諸葛亮在世時，他依靠諸葛亮扶持，現在只能靠在諸葛亮安排的繼任丞相蔣琬身上。蔣琬死後，劉禪把大權交給了宦官黃皓，自己只管吃喝玩樂。黃皓是個奸佞小人，他的黨羽越來越多，把蜀國搞得烏煙瘴氣。主持朝政的姜維害怕遭到暗算，只好長期統兵在外，不敢回成都。

　　西元263年秋天，司馬昭派鄧艾、鐘會等人分三路進攻蜀漢。姜維得到消息後，馬上上書給劉禪，請他作好應戰準備。劉禪去找黃皓商量，黃皓卻說這是姜維貪圖軍功，謊報軍情。黃皓請巫師占卜魏軍是否要大舉來攻，得了個平安無事的結果。他高高興興向劉禪報告，劉禪信以為真，把姜維的上奏扔到一邊，不作任何準備，也不告訴朝中大臣。

　　姜維拚死守住劍閣，阻擋魏軍繼續南下。魏軍大將鄧艾便想要冒險繞過劍閣，從陰平直接進攻成都。陰平在今天四川和甘肅兩省的交界處，高山連著高山，峻嶺連著峻嶺，根本就沒有道路。鄧艾領軍進入陰平山中，只見到處都是茅草刺樹，士兵只得像猴子那樣攀緣著樹木一點點前進。

　　不久，部隊來到一處看不到底的懸崖前，前面已無路可走了。鄧艾卻下令：「只准前進，不許後退！」不得已之下，一位將領用氈（音ㄓㄢ）毯裹住身體，雙手抱住腦袋，冒死滾了下去。士兵們大受鼓舞，解下腰帶，一個個連在一起，攀樹掛木，向懸崖下滑去。就這樣，鄧艾率軍艱苦行軍700里，終於插到了姜維的背後。

　　蜀地兵將見到仿佛從天而降的魏軍，大驚失色。在接下來的一場惡戰中，他們死的死，傷的傷，投降的投降。鄧艾的軍隊勢如破竹，直逼成都。

　　見魏軍兵臨城下，六神無主的劉禪急忙召集大臣商量

對策。有人主張投靠吳國，有
人建議逃往南中。56歲的劉
禪無計可施，就採取了最簡便
的行動——降魏。他的兒子劉諶
（音ㄔㄣˊ）堅決反對，說：「如果
沒有活路，就應該君臣父子固守城
池，轟轟烈烈戰死。
這樣不戰而降，有什
麼臉面去見先帝！」劉禪大聲
斥責說：「你懂得什麼，不要
在這裡多嘴！」劉諶大哭，說：
「先帝艱難創建的大業，就這樣輕
易地拱手送人，我受不了這種恥辱！」

　　劉諶帶著妻子兒女來到昭烈帝劉備的廟裡，面對劉備塑像痛哭一場，全家自殺。蜀
國人聽說了，無不痛哭流涕，感慨萬千。

　　劉禪派人捧著玉璽，到城外鄧艾軍營中請求投降，鄧艾表示接受。於是，劉禪向四
面八方發布詔書，命令各地放棄抵抗。然後他反綁住自己的雙手，讓人抬著一口棺材跟在
自己身後，去向鄧艾投降。劉備、諸葛亮等人歷盡千難萬險創建的蜀漢就這樣滅亡了。

　　姜維正在堅守劍閣，忽然聽說鄧艾大軍已經逼近成都，馬上率軍退出劍閣，準備
回救成都。可就在這時，劉禪命令他投降的詔書到了。浴血奮戰了多日的將士們又氣又
恨，眼裡含著淚水，忍不住揮刀砍樹擊石。

　　姜維壓抑住心裡的悲憤，不露聲色地到鍾會軍營中投降。他想鼓動鍾會背叛魏國，

借機恢復蜀漢。但是這個圖謀被司馬昭識破了，姜維和鐘會都被亂軍殺死。

　　西元264年，司馬昭把劉禪全家遷到魏國都城洛陽。劉禪見洛陽宮廷壯麗，街道寬闊，商業繁榮，覺得一切都比成都好。司馬昭每天好吃好喝供應著他，日子一長，剛來時的害怕心理消失得一乾二淨，他竟有些得意洋洋了。

　　有一天，司馬昭宴請劉禪，專門讓舞女表演蜀地的歌舞。在場的蜀漢官員都觸景生情，不禁滿面悲涼，暗自流淚。只有劉禪像沒事人一樣喜笑顏開，還隨著音樂手舞足蹈，樂不可支。司馬昭輕聲對賈充說：「世上竟有這種沒血性的人！就算諸葛亮還活著，也很難輔佐他把江山坐牢，何況是姜維呢！」賈充笑

著說：「他要不是這樣一塊料，我們又怎麼能戰勝蜀國？」

又有一天，司馬昭問劉禪：「你一定很想念蜀地吧？」劉禪很真誠地說：「我在這裡很快活，不想念蜀地。」原先的蜀國大臣郤（音 ㄒㄧˋ）正聽說了這件事，馬上求見劉禪，對他說：「以後再有人問您想不想蜀地，您就哭著告訴他們，自己祖先的陵墓都在蜀地，所以無時無刻不在思念蜀地。」劉禪說：「我記住了。」

過了幾天，司馬昭又問劉禪是不是思念故國。劉禪牢記著郤正的話，馬上照葫蘆畫瓢，像童子背書一樣回答說：「我祖先的陵墓都在蜀地，所以，無時無刻不在思念蜀地呀！」他還記得應該哭泣，可是心裡沒有一點悲淒的情感，根本哭不出來，只好緊緊閉住眼睛，做出一副痛苦的樣子。

司馬昭被劉禪的模樣弄得一愣，一轉念就明白了，心裡樂得直顫，強忍住笑說：「這話聽起來怎麼像是郤正說的？」劉禪內心的秘密被人揭穿，不禁吃了一驚，立刻睜開眼，直瞪瞪地望著司馬昭說：「就是郤正叫我這樣說的，你怎麼知道了？」人們都被他逗得掩口而笑，他的隨從卻羞愧得無地自容。

既然劉禪只知道享樂，司馬昭就讓魏元帝曹奐封他為安樂公。

當初，劉備在白帝城曾對諸葛亮說：「我的兒子劉禪如果可以輔佐，你就輔佐；如果他實在沒出息，你就取代他。」忠心耿耿的諸葛亮一直嘔心瀝血地輔佐劉禪，臨死時還安排好後繼的二任、三任，甚至四任丞相，企圖幫他走向成熟。可惜劉禪太不爭氣，再怎麼努力都是白費工。

由於劉禪的小名叫「阿斗」，所以歷史上留下了一句話，叫作「扶不起來的阿斗」。

司馬昭之心

　　西元220年正月，曹操病死，他的兒子曹丕（音ㄆ一）勒令漢獻帝把皇位獻出來。漢獻帝毫無辦法，只好拿出玉璽，下詔讓位。曹丕假惺惺地推辭，群臣一次次聯名上書，勸他接受禪位。曹丕推辭了好多次，才像不情願似的坐上了皇帝的寶座。

　　誰也不會想到，沒過多少年，這一套「禪讓」的戲碼又表演了一回。不過這次「讓位」的是曹魏皇帝，「不得已」接受禪位的是司馬炎。

　　司馬炎是司馬懿的孫子，司馬昭的兒子。司馬懿很有才能，魏文帝曹丕臨死時，囑咐他和曹真等人輔佐皇太子曹叡（音ㄖㄨㄟˋ）。曹叡臨死時，又拜託他和曹爽輔佐8歲的太子曹芳。後來司馬懿發動政變，除去曹爽，並把曹氏家族殺了個七零八落。

從此，司馬氏家族掌握了魏國大權，皇帝只是替他們發號施令的傀儡。

司馬懿死後，他的大兒子司馬師廢掉了曹芳，另立年幼的曹髦為帝。司馬師死後，他的弟弟司馬昭逼著曹髦加封司馬師為相國，封為晉公。

曹髦漸漸長大，對事事都受司馬昭擺布十分不滿。這時各地屢屢上報，說是在井裡發現了黃龍。朝官都說這是好兆頭，曹髦卻說：「這算什麼好兆頭？井裡的龍，上不在天，下不在田，是被幽困的無奈可憐蟲啊！」他想到自己被司馬昭控制，跟困在井裡的龍沒有兩樣，於是做了一首《潛龍詩》，來表達內心的苦悶、悲傷與無助。其中有「蟠（音 ㄆㄢˊ）居於井底，鰍鱔舞其前」兩句，意思是說：被幽困的龍蜷縮在井底，牠眼前只有游來舞去、猖狂得意的泥鰍和黃鱔。

司馬昭看到這首詩，大發雷霆，氣沖沖地帶著寶劍來到大殿。曹髦兩眼一直看著他，司馬昭大喝一聲：「看我幹什麼？」曹髦默然無語。

司馬昭又質問：「我父兄三人對魏國有大功。你寫的詩卻把我比作泥鰍、黃鱔，是什麼意思？」

曹髦無話可答，嚇出了一身的冷汗。

曹髦年輕氣盛，不懂得怎樣對付司馬昭，又為其蠻橫無禮而氣惱萬分，終於決定跟司馬昭拚了！西元260年的5月，曹髦召集大臣王沈、王經、王業等人商量對策，

說：「司馬昭之心，路人皆知。不篡奪皇位，他就不肯罷手。我不能坐等著被他廢掉，今天我要你們和我一起去討伐他。」

王經說：「軍政大權都在司馬昭手裡，真的動起武來，就怕司馬昭除不掉，陛下的處境卻更危險了。請陛下三思！」

曹髦把早已寫好的討伐詔書往地上一扔，說：「我主意已定。死我都不怕，何況不一定會死呢！」說罷即去稟告太后。

不想，王沈、王業居然跑去向司馬昭告密！

曹髦手持寶劍，站在車上，帶領皇宮衛隊300多人，衝出宮門去討伐司馬昭。半路上遇到司馬昭的心腹賈充和成濟率領的一隊人馬，曹髦揮舞寶劍，大聲叫喊：「司馬昭大逆不道，跟他造反的人，都滅三族！」

士兵們不敢衝撞皇上，都退了下去。成濟問賈充：「怎麼辦？」賈充說：「養兵千日，用兵一時。司馬相爺對你們恩重如山，就是為了今天能用得著你們，還問什麼？」成濟又問：「抓還是殺？」賈充毫不遲疑地說：「殺！」

成濟得到了指令，挺起長矛衝向曹髦。曹髦喝道：「我是皇帝！你膽敢犯上作亂？」話音未落，已被刺穿胸膛，矛頭透出後背，當場就死了。

司馬昭聽說皇帝已死，裝出大吃一驚的樣子，並以頭撞地，哭得十分悲傷。為了推卸自己的責任，他上奏太后說：「成濟大逆不道，殺死了皇上，應當從重治罪。」然後派兵去捕殺成濟。成濟光著膀子爬上房頂，大喊大叫：「是司馬昭讓我殺皇帝的！是司馬昭讓我殺的！」司馬昭的士兵怕他說出別的來，趕忙眾箭齊發，射死了他。接著，司馬昭又滅了成濟的家族，把殺皇帝的罪責都推到成濟一個人身上。

事情弄到這個地步，司馬昭也不敢就此做皇帝，而是立了曹操的孫了曹奐。他說：「周文王占了天下三分之二的土地，還做商朝的屬國；魏武帝曹操有了天大的權勢，也還留著漢獻帝。我就學他們的樣子吧。」意思是廢掉曹魏、改朝換代的事讓他的兒子來做。

　　西元263年，司馬昭大舉伐蜀，滅掉了蜀漢。這下他更神氣了，出行可以打皇帝的旗號，車服儀仗也跟皇帝一樣，兒子也稱「太子」、「王子」等，簡直就是不稱皇帝的皇帝。

西元265年，司馬昭死了，他的兒子司馬炎繼承了晉王封號。這時許多大臣開始整天圍著曹奐替司馬炎遊說，要曹奐讓出皇位。曹奐看到曹氏家族只剩下自己這個孤家寡人，整個國家也被司馬氏控制了，心裡明白如果不讓位，自己遲早會和曹髦一樣下場，於是下了禪位詔書。此時是西元265年12月，距司馬炎襲封晉王不過3個月。

司馬炎和當年的曹丕一樣，假惺惺地一再推辭。手下的吹鼓手們就三番五次勸說他順應天命。最後，司馬炎才做出實在推辭不掉的樣子，接受了皇位，宣布改國號為「晉」，史稱「西晉」。司馬炎就是晉武帝，他追封司馬懿為宣皇帝，司馬師為景皇帝，司馬昭為文皇帝，其餘三親六故也都封了王。於是，魏國消亡了。

西元280年，西晉水軍逼近東吳的首都建業（今江蘇南京），吳國皇帝孫皓投降，東吳滅亡。風雲變幻、英雄輩出的三國時代終於劃上了句號。

西晉統一了全國，中國歷史進入一個新的時期。

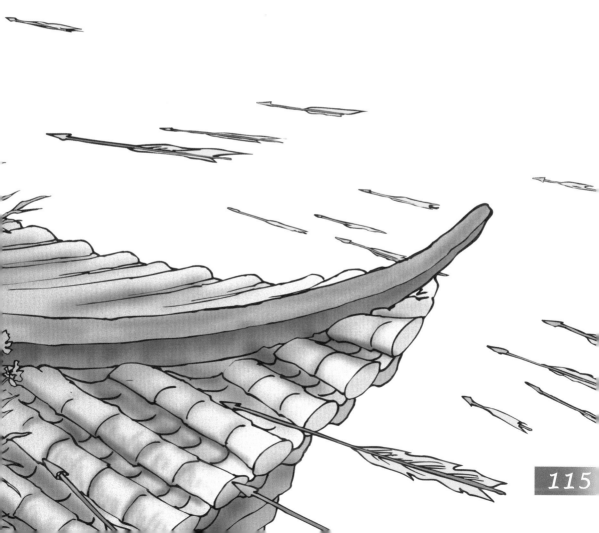

千古第一蠢皇帝

司馬炎當了皇帝，把自己家30來個叔祖、叔父、兄弟都封為王，允許他們在自己的封地內任命官員，設置軍隊。接著，他便開始考慮立太子的問題。

司馬炎的皇后楊芷生了3個兒子，老大在兩歲時夭折，老二司馬衷理應被立為太子。可是司馬衷不愛讀書，除了吃喝似乎對什麼都沒興趣，十多歲了還認不了幾個字，對經世治國種種道理更是一竅不通。宮女們背地裡都說他「蠢笨如豬」，所以司馬炎在立太子時一再猶豫。但楊皇后卻很喜歡這個寶貝兒子，於是拉攏皇上寵愛的趙夫人一塊替他說好話。司馬炎受不了兩個女人天天嘮叨，就正式立司馬衷為太子。

幾年後，司馬炎和楊皇后準備給太子選妃。因為太子有些癡傻，他們想為太子選一個有能力的賢內助。這樣，晉朝老臣賈充的女兒賈南風就做了太子妃。

過了好幾年，太子還是那麼糊里糊塗的。有些大臣很為晉朝的未來擔憂，想勸皇上改立太子，又不敢直說。一天，大臣衛瓘（音ㄍㄨㄢˋ）假裝喝醉了酒，壯著膽子跪在皇帝面前，可他話到嘴邊又出不了口，最後用手摸著皇帝的座椅，只說了一句：「好一個寶座啊！」司馬炎還算聰明，聽出了衛瓘的話外音，趕忙叫人把他扶出宮去。

司馬炎決定親自考考太子，看看他的才能，實在不行就廢掉。他把幾件公文交給太子處理，然後把太子宮中所有官員召集到起來舉行宴會，以防聰明人代批。

太子看著公文發呆，賈南風可急壞了。她擔心太子被廢，自己將來當不成皇后，就偷偷把公文送出去，請有學問的人批改。誰知這個學問家批改得太好了，賈南風的一個心腹看了後覺得不妥，說：「這樣的批文皇上一看就知道是別人代做的。太子做的批文只要就事論事，通順明白就行了，可不能引經據典呀！」賈南風趕緊叫這人重寫一遍，讓太子抄了交上去。結果司馬炎對批文很滿意，不再為太子擔心了。可他哪裡知道，這卻埋下了以後西晉動盪、覆亡的禍根。

西元290年4月，司馬炎病死，司馬衷即位做了皇帝，就是晉惠帝。賈南風被封為皇

后，楊芷為皇太后。朝政大權由皇太后的父親楊駿掌管，後宮事務全由賈南風負責。32歲的皇帝司馬衷完全是個傀儡，他傻呵呵的也不在意。

不久，有些地方鬧起了災荒。官員報告說災荒很嚴重，老百姓沒飯吃，餓死了許多人，要求朝廷開倉放糧。司馬衷不理解，皺著眉頭想了好久，說：「這些人真笨！沒飯吃為什麼不吃肉末粥呢？」大臣們哭笑不得，不知怎麼回答。

有一次，司馬衷帶了一群隨從在園林裡遊玩，忽然聽到池塘中傳來「呱呱呱」的叫聲，就問：「什麼東西在叫？」隨從告訴他是蛤蟆，他又問：「蛤蟆叫得這樣起勁，是為官家還是為私人？」大家都被他的話問得目瞪口呆，一個聰明人敷衍說：「在官家地裡的就是為官家叫，在私人地裡的就為私人叫。」司馬衷很認真地點頭說：「原來是這樣啊！」

皇帝如此愚蠢，皇后賈南風卻又精明又兇狠，而且權力慾很強。她見楊家人掌握了朝政大權，自己娘家人卻沒什麼權勢，心裡非常不滿，就誣陷楊駿陰謀叛亂，密召汝南王司馬亮和楚王司馬瑋進京，討伐楊駿。司馬亮沒有出兵，司馬瑋卻立即聯絡淮南王司馬允，帶兵趕到洛陽。

楊太后聽到風聲，心急如焚地派人去報告楊駿，又在黃絹上寫下「救太傅者重賞」幾個字，綁在箭上射出宮外，希望有人拾到後能幫助父親。賈南風知道後，命令軍士們

大喊：「太后隨父謀反。誰幫助楊駿，就殺誰的腦袋！」賈南風的厲害人所共知，她一說話別人都不敢吭聲，更別說幫助楊駿了。於是，司馬瑋的部下打進楊駿的相府，殺了個雞犬不留，又把楊駿所有的親屬和親信殺光。太后楊芷也被關起來活活餓死。

楊駿死後，大臣們又請司馬亮來主持朝政。賈南風還是沒得到權力，非常惱怒，就唆使司馬瑋殺了司馬亮，又派心腹殺了司馬瑋，牽連被殺的有好幾千人。靠著如此心狠手辣，賈南風終於把朝廷大權握在了自己手裡。

賈南風能耐雖大，卻沒能讓自己生出個兒子來，司馬衷只好立謝妃生的兒子司馬遹為太子。賈南風不甘心，就假裝懷孕，暗中把妹妹的兒子抱來，冒充自己的兒子。隨後，她就設下圈套謀害太子。白痴皇帝很容易受騙，太子果真被廢。

賈南風還不肯罷手，一定要害死太子。司馬遹（音ㄩˋ）知道皇后心腸狠毒，時時提防著。賈南風的親信孫慮見沒有機會下手，就硬逼司馬遹喝毒藥。司馬遹死也不喝，孫慮拿起搗藥的石杵，狠狠砸他的腦袋和胸腰，硬是把他砸死了。賈南風的胡作非為激起了公憤，趙王司馬倫會合梁王、齊王，領兵闖進皇宮，劫持了司馬衷，讓他下詔書捉拿皇后及其親信。

齊王拿到詔書，領軍士來抓賈南風。賈南風說：「詔書都是從我手裡出去的，你怎麼會有？」齊王也不答話，命令軍士綁了賈南風，押到皇帝跟前。賈南風大喊：「皇上快救我！我要是完了，你這個皇帝還當得長嗎？」皇帝受到驚嚇，傻得更厲害了，哆哆嗦嗦

說不出話來，眼睜睜看著賈南風被押走。

　　賈南風和賈氏家族都被處死了。因為皇帝實在無能，不能自己
處理事情，所以他父親所封的那些同姓王便都想來奪權。他們爭來
搶去，你殺我伐，釀成歷史上有名的「八王之亂」。

　　西元306年，白痴皇帝司馬衷被毒死，晉懷帝司馬熾上臺，司馬氏兄弟、
叔姪間16年的混戰才告束。可是西晉的統治力量被嚴重削弱了，西元311年，匈奴人建
立的「漢國」大軍攻破洛陽，俘虜了晉懷帝，將他盡情羞辱後殺害。西元316年匈奴人又
攻破長安，俘虜並殺害了晉愍（音 ㄇㄧㄣˇ）帝。

　　西晉就此滅亡。

草木皆兵

西晉滅亡後，司馬睿在江南建立了東晉政權。與此同時，統治北方的少數民族則先後建立了16個政權，史稱「十六國」。其中之一是氐族人建立的前秦。

西元379年，前秦基本上統一了北方，與東晉形成南北對峙的局面。

西元382年冬天，前秦皇帝苻（音ㄈㄨ）堅召集文武大臣們，說：「現在四方都已平定，只剩下晉國。我有雄兵百萬，猛將千名，打算親自帶兵伐晉，各位以為如何？」

秘書監朱彤馬上附和：「陛下威震四方，如果親征，必然是高山低頭，河水讓路，一定能伐滅晉國，建立萬古不朽的功業。」苻堅得意洋洋地說：「這正是我的平生大志呀！」

可是多數大臣表示反對，有的說東晉有謝安等能幹的大臣，上下同心；有的說晉朝有長江天險，不易戰勝。苻堅覺得很掃興，說：「春秋時的吳王夫差，三國時的吳主孫皓，不是也據有長江天險嗎？還不是照樣滅亡！我有那麼多軍隊，大家把馬鞭投進江中，就可以截斷流水，還怕什麼長江天險！」

皇帝氣魄雖大，大臣們卻不服氣，繼續提出反對意見。苻堅越聽越有氣，大聲說：「不要再吵了！大路邊蓋房子，聽過路人說長道短，永遠蓋不成。這事讓我一個人作主好了！」說罷命令群臣退出，只留下自己的弟弟苻融。

苻堅原想和弟弟定下伐晉大計，可是苻融也反對出兵。苻融說：「我的見識短淺，王猛卻有雄才大略。陛下還記得他的話嗎？」王猛原是前秦的丞相，苻堅能統一北方，主要靠了他的輔佐。他去世前曾告戒說：「晉國雖然偏安江南，卻是漢族的正統，千萬別去攻打。」苻堅對王猛一向言聽計從，但這次卻固執己見，誰的話都不聽，王猛、苻融、太子，就連他最寵愛的張夫人都沒能說動他。

就這樣，在一片反對聲中，苻堅依舊作出了伐晉的決定。

西元383年8月，苻堅率領大軍80萬，號稱百萬，浩浩蕩蕩出了長安，向東南方進發。前鋒苻融帶領30萬人馬，很快打到

東晉的壽陽，苻堅帶領的主力軍也隨後趕到了項城。

　　消息傳到東晉，人們都十分緊張。東晉水陸軍加起來不過8萬人，許多人認為跟秦國開戰就是自取滅亡，不如割地講和，只有丞相謝安等少數人主張抗擊秦軍。一番激烈的論辯後，晉孝武帝下了抗戰的決心，任命謝安負責一切軍務。

　　謝安命令弟弟謝石、侄子謝玄、兒子謝琰（音ｉㄢ）等各領部分軍隊，共抗秦軍；又讓將軍胡彬帶領5000水軍，火速趕到壽陽，去支援那裡的晉軍。

　　胡彬還沒趕到，壽陽已經被苻融的軍隊攻破了，他只得領兵退到硤（音ㄒㄧㄚ）石。苻融派大將梁成領5萬人馬，駐紮在不遠處的洛澗（淮河的支流），截斷了胡彬的歸路，同時也把謝玄率領的晉軍主力阻擋在洛澗東邊。胡彬的5000人馬被包圍，糧食又快吃光

了，形勢十分危急，只好派人去向謝
石求救。誰知派出去的人半道上被秦軍捉住，求救信落到苻融手裡。苻融立即派人向報
告苻堅，苻堅喜出望外，親自率領8000騎兵，趕到壽陽，準備一舉殲滅晉軍。

　　苻堅到達壽陽後，派以前被俘的晉將朱序前往晉軍大營，勸說謝石投降。沒料到朱
序身在秦營，卻一心想為東晉出力，他悄悄對謝石說：「趁秦兵還沒有全部到達，趕快
進攻。只要打敗秦軍前鋒，挫傷他們的銳氣，就有希望取勝。」

　　謝石命令大將劉牢之領精兵5000，襲擊洛澗。入夜，劉牢之突然率兵向秦軍發動襲
擊，驚醒的秦將梁成倉促迎戰，被劉牢之一刀砍死。秦軍失去主將，無心再戰，

爭搶著渡河逃跑，單是淹死的就有15000人。劉牢之乘勝追擊，解了硤石之圍。於是晉軍前進到淝水東岸，跟秦軍隔水相望。

符堅聽說梁成被殺，非常震驚，急忙和符融登上壽陽城樓，觀察晉軍的動靜。只見晉軍陣容嚴整，附近的八公山上密密麻麻全是旌旗，不知有多少人在來來往往。符堅不禁膽怯了，對符融說：「晉軍很強大啊！誰說他們軟弱可欺呢？」其實，八公山上一個晉軍也沒有，符堅因為心裡驚慌，看花了眼，把被風吹動的樹木當成了手持刀槍的軍隊。這就是成語「草木皆兵」的來歷。

就在這時，對面的晉軍送來一封信，要求秦軍後退一箭之地，讓晉軍渡過河來，決一死戰。符堅心想：兵不厭詐，等他們渡過一半時，發起突然襲擊，打他個措手不及，自己就穩操勝券了。於是他很痛快地答應了晉軍的要求，命令士兵後撤。

前秦大軍中有不少漢族和其他少數民族的人，他們既不願對晉作戰，又缺乏訓練，一聽到後撤的命令，立即轉身向後跑，就像逃跑一樣。後隊士兵以為前隊打了敗仗，跑得更快。朱序趁機大喊：「秦軍敗了！」秦軍人心惶惶，像潮水一樣潰退。符融騎馬前後奔馳，想要阻止，又哪裡阻止得住！

晉軍渡過淝水，乘勢殺

過去，已經大亂的秦軍見晉軍猛虎般撲來，嚇得魂飛天外，爭先恐後地奔逃。混亂中苻融的馬突然跌倒，苻融被趕上來的晉軍殺死。苻堅見局面已不可收拾，趕緊向北方沒命奔逃。為了躲避晉軍追擊，苻堅和敗兵只能從雜草叢生的小路逃走，聽到風聲和仙鶴的鳴叫，也以為是晉軍追來了，都不敢回頭看一下真假。幾十萬大軍就這樣完全崩潰了。

晉軍大勝的戰報送到時，謝安正跟客人下圍棋。他不動聲色地看過捷報，若無其事地擱在了一邊，繼續下棋。客人忍不住，問：「前方戰況如何？」謝安才慢吞吞地說：「小夥子們把敵人打敗了。」直到客人離開，謝安再也抑制不住內心的興奮，他快步走進室內，竟折斷了木屐的鞋跟卻不知道。

淝水之戰使前秦元氣大傷，不久內亂又起，中國北方再度陷入了分裂割據的局面。

127

圖說歷史故事 ── 秦漢魏晉南北朝

編　　寫	陳金華
繪　　畫	楊學成
發 行 人	林敬彬
主　　編	楊安瑜
策　　劃	康 琳、胡 剛
編　　輯	蔡穎如、黃珍潔、盧琬萱、林奕慈
內頁編排	泰飛堂設計
封面設計	泰飛堂設計、蔡致傑
編輯協力	陳于雯、林裕強

出　　版	大旗出版社
發　　行	大都會文化事業有限公司
	11051 台北市信義區基隆路一段 432 號 4 樓之 9
	讀者服務專線：（02）27235216
	讀者服務傳真：（02）27235220
	電子郵件信箱：metro@ms21.hinet.net
	網　　　址：www.metrobook.com.tw

郵政劃撥	14050529 大都會文化事業有限公司
出版日期	2019 年 04 月修訂初版一刷
定　　價	320 元
I S B N	978-986-96561-6-0
書　　號	History-100

Metropolitan Culture Enterprise Co., Ltd.

4F-9, Double Hero Bldg., 432, Keelung Rd., Sec. 1,

Taipei 11051, Taiwan

Tel:+886-2-2723-5216　Fax:+886-2-2723-5220

E-mail:metro@ms21.hinet.net

Web-site:www.metrobook.com.tw

國家圖書館出版品預行編目（CIP）資料

圖說歷史故事：秦漢魏晉南北朝 / 陳金華編寫；楊學成繪畫.
-- 修訂初版 -- 臺北市：大旗出版：大都會文化發行, 2019.04
128 面；17×23 公分 . -- (History-100)
ISBN 978-986-96561-6-0(平裝)

1. 中國史 2. 歷史故事

610.9　　　　　　　　　　　　　　　　　107013834